AF607644

Casiano el de "La Cuevita" El incansable cantor

Una aportación al folclore musical de Canarias

Casiano el de “La Cuevita”. El incansable cantor.
Una aportación al folclore musical de Canarias

Ilustración de cubierta

Retoque a color de cubierta y maquetación

Yurena Cabrera

LeCanarien ediciones
Avda. de Canarias, 12
La Orotava – S/C de Tenerife
www.lecanarienediciones.com
674 813 313

Primera edición
Santa Cruz de Tenerife, septiembre 2024

ISBN: 978-84-19694-62-1
DL: TF 314-2024

Sixto Sánchez Perera

Casiano el de "La Cuevita" El incansable cantor

Una aportación al folclore musical de Canarias

A Casiano Hernández y Petra Trujillo.
A sus hijos Mª Candelaria, Domingo,
Catalina y Casiano Hernández Trujillo.

Herederos de una estirpe de gente apegada a su tierra
y a la defensa de las tradiciones: "Los Casianos".

Agradecimientos

En primer lugar mi más sincero agradecimiento a Adolfo Martín Sosa (Fito Travieso), inseparable e incondicional amigo de toda la vida con el que he compartido muchas aventuras y desventuras y sin cuyo apoyo moral y aliento no hubiera sido posible el desarrollo de este trabajo. A Dácil Martín Trujillo (Dácil Travieso), compañera que también compartió muchos gratos momentos con la amistad de Casiano. A Martín González, con quien disfrutamos –junto a su guitarra– de horas entrañables. A Javier Ceijas y su compañera Esther Prado, quienes me animaron a iniciar esta investigación. A Ignacio Torrents González, por compartir su amistad y vivencias con Casiano. A Manuel J. Lorenzo Perera, José Luis Sánchez, Ángel Coronado, Goya Núñez, Manuel Salazar, Juan García, Juan Pedro Pérez (Peyo), con quienes hemos compartido –entre otras muchas inquietudes– nuestra pasión por el folclore. A Modesto Castillo, Felipe Pérez (Pipe), Sergio Edodey. A Domingo Domínguez, Ignacio Rodríguez y Toño Sánchez, –luchadores incansables por la Democracia y los derechos laborales de la clase trabajadora–. A Ismael Reyes Regalado (Radio Reyes) por facilitarnos la grabación del Festival Homenaje a Casiano. Al músico y técnico de sonido Kino Ait Idrissen. A Domingo Hernández Martín (nieto de Casiano) por el aporte de la información recogida entre sus familiares. José Espinel, Pablo Fernández, Maite Ruiz y Toño Mesa. Sabemos que se quedan en el tintero muchos nombres de amigas y amigos de los que no nos olvidamos. A todas estas personas: ¡gracias!

A la Asociación Cultural Pinolere y al Ayuntamiento de la Villa de La Orotava, en la persona de su Alcalde Francisco Linares García, por el apoyo recibido para llevar a buen término esta publicación.

Un auténtico regalo a la cultura popular canaria

Lo que tenemos en nuestras manos es una auténtica joya, un tesoro que nos brinda el amigo Sixto Sánchez Perera, pues esta investigación y publicación inédita es una nueva e interesante aportación al folclore musical de Canarias; un libro que nos envuelve en nuestra cultura popular y le da el verdadero posicionamiento que merece. Además, es de incalculable valor, ya que desvela muchas anécdotas y datos curiosos de nuestras tradiciones, de nuestras gentes y de la historia del folclore canario que se perderían en el tiempo, por lo que es un regalo más para nuestra cultura y saber popular.

Cuando te sumerges en la lectura de esta obra, te trasladas en el tiempo y las palabras dan significado a muchos elementos del folclore canario y de nuestras tradiciones que pasan inadvertidos para muchos; y a la vez se le da más relevancia a canciones o coplas que, posiblemente, hemos escuchado en múltiples ocasiones pero sin saber que eran de un noble villero.

Sixto Sánchez Perera nos descubre a un personaje cuyo nombre debe formar parte de la historia local: Casiano Hernández Luis o "Casiano el de la cuevita", como le conocían muchos. Fue el autor de coplas interpretadas por reconocidos grupos como Los Sabandeños y Los Gofiones, o por personajes referentes en nuestro acervo musical como son Elfidio Alonso, Caco Senante, Dacio Ferrera o Manuel Luis Medina "El Minuto", entre otros. Muchos de ellos pasaron por la 'bodeguita de Casiano' y, además de disfrutar de unos momentos de diversión e intensas y amenas tertulias, compartidas con música, copas y buena comida, se llevaron también unas magníficas letras. Así, no fueron pocos los que por allí pasaron y se apropiaron de ellas sin más, convirtiéndose en populares. Otras muchas pudieron quedar solo en este pintoresco rincón villero, y perderse para siempre; pero gracias a este estudio y proyecto de rescate formarán ya parte de nuestra historia y del folclore canario. La recopilación del *Cancionero de Casiano* es un legado y un reconocimiento merecido que perdurará para futuras generaciones.

En 1984 el Pleno del Ayuntamiento de La Orotava aprobó, por unanimidad, concederle una calle y rendirle homenaje público en su memoria. En 1985 se celebró un Festival Folclórico como homenaje en la Casa de la Cultura de San Agustín, y desde esa fecha se tomó también el compromiso de dar a conocer todo su legado musical. Y ahora, 39 años después, y tras un intenso y concienzudo trabajo de recopilación, se ve cumplida esa promesa, a la par de dar un merecido reconocimiento a su figura, memoria y bagaje folclórico-musical para que continúen vivos.

Por diversas circunstancias no se pudo llevar a cabo la rotulación de la calle en su honor, pero es compromiso del Ayuntamiento, y del actual equipo de gobierno que presido, ponernos manos a la obra y cumplir también con ello, y esperemos que tras la publicación de este libro el nombre de Casiano Hernández Luis se sume al callejero de la Villa.

Casiano fue un hombre afortunado al tener la mejor de las riquezas: el aprecio, el respeto y el cariño de todos los que lo conocieron. Un hombre noble, bueno, respetuoso, liberal, ingenioso y creativo, que derrochaba alegría, bondad y generosidad: por lo que era querido por todos.

"Casiano el de la Cuevita" pertenece a la familia o grupo de personas "populares" que el pueblo de La Orotava debe admirar, honrar y agradecer... Es, sin duda alguna, un vecino ilustre. Un hombre que forma parte de nuestra historia y que es un referente en la cultura popular canaria, dejando un legado folclórico-musical que, ahora sí, perdurará para siempre.

¡Gracias por este magnífico trabajo y por contribuir a enriquecer nuestra cultura popular!

Francisco Linares García
Alcalde- Presidente del Excmo. Ayuntamiento de La Orotava

ÍNDICE

La Cuevita fue mi cuna
de canario trovador,
por eso aprecio a Casiano
como a un padre ¡Sí señor!

Sixto Sánchez Perera

Si no cantas con voluntad no vas a ningún lado nunca.
¡Eso hay que arrancarlo, hay que arrancarlo del pecho,
coño! Nada más..., y como lo sientes, cantas.
Yo no canto bien, lo que tengo es un oído especial.

Casiano Hernández Luis (1984)

¡¡ARRIBA EL CAMPO!!

INTRODUCCIÓN

En esos tiempos pasaban
cosas que ya no pasan.
Cada cual tenía un cantar
o copla de anochecida.
Formas de curar la herida
que sangra en el trajinar.

Algunos cantaban bien.
Otros, pobres, más o menos...
Mas no eran cantos ajenos,
aunque marca no tenían.
Y todos se entretenían
guitarreando hasta el desvelo.

Por ahí se allegaba un maistro
de esos puebleros letraos;
juntaba tropa y versiaos
que iba después a un libraco,
y el hombre forraba el saco
con lo que otros han pensao.

Los peones formaban versos
con sus antiguos dolores.
Después vienen los señores
con un cuaderno en la mano,
copian el canto paisano
y presumen de escritores.

(...)

De seguro, si uno piensa,
le halla el nudo a la madeja,
porque la copla más vieja,
como la raíz de la vida,
tiene el alma por guarida,
que es ande anidan las quejas.

Por eso el hombre al cantar
con emoción verdadera,
echa su pena pá ajuera
pa que la lleven los vientos,
y ansí, siquiera un momento
se alivia su envichadera.

Atahualpa Yupanqui
Coplas del Payador perseguido (1972)[1]

Estas coplas del cantautor, poeta y folclorista argentino Atahualpa Yupanqui (1908-1992), que parecen describir el ambiente y lo que significó Casiano y "La Cuevita", nos sirven como preámbulo para abordar el tema de la reivindicación y reconocimiento a la importancia de su figura como parte integrante de la Historia del Folclore Musical de Canarias. Ello no solo por haber sido el autor de coplas incorporadas a composiciones interpretadas por reconocidos grupos; sino también, por el legado del cancionero que nos ha dejado para el futuro y que ahora aparece recogido en este trabajo. Para ello, y como anécdota a tener en consideración haremos uso del siguiente relato acaecido ya hace muchos años, con Casiano como protagonista de esa revelación que rompió con su anonimato como compositor.

Recuerdo un día en el que íbamos rumbo al aeropuerto del sur (Casiano, Fito y yo), con la intención de recoger –de su viaje de regreso de Galicia– al amigo Javier Ceijas y de camino dar una vuelta por las

[1] https://www.cancioneros.com/nc/2180/0/el-payador-persegido-o-coplas-del-payador-perseguido-atahualpa-yupanqui

tierras sureñas a las que hacía tiempo no visitábamos. Antes de proceder a su recogida nos detuvimos en un bar del pueblo de San Isidro. Mientras reponíamos fuerzas tomando un refrigerio, de pronto escuchamos en la televisión situada en el interior del recinto el sonido de música canaria interpretada por el conocido grupo Los Sabandeños. Suenan unas folías:

Fueron los guanches primero
en esta tierra canaria,
los que cargaron a hombros
la virgen de Candelaria[2].

Antigua ilustración que representa el encuentro de los guanches con la imagen de la Candelaria (archivo del autor).

Nos quedamos a la escucha y al terminar la canción nos comenta Casiano, con cara de orgullo, satisfacción y a la vez con cierta magua derivada de la tristeza de saber que una copla con tanta fama (a sabiendas de que es tuya), pase a la posteridad en el anonimato de su verdadera autoría.

–Esa copla es mía, la compuse yo.

A continuación nos hace el comentario de que, años atrás, miembros de ese grupo musical –en concreto Elfidio Alonso y Enrique Martín– solían pasar por "La Cuevita" y apuntaban, en una libreta, coplas que allí se cantaban.

[2] LP: "Guanche". Cara 1-Canción 1. =Malagueñas al Guanche. Tiempo: 5´41" [Figuran como autores:] (Carlos García/ Dacio Ferrera/ Manuel G. Mena/ Elfidio Alonso). Discográfica= Columbia. Depósito Legal: M. 33133-1977.

Ese hecho comentado por Casiano, se confirma en un artículo periodístico de J. H. Chela que tendremos la ocasión de ver en otro apartado. En él se cita la presencia en "La Cuevita" de personajes del folclore canario como: Elfidio Alonso, Dacio Ferrera, Manuel Luis Medina "El Minuto", o Juan Carlos "Caco" Senante. Nombres tal vez hoy desconocidos para algunos pero que, sin duda, han dejado una huella imborrable en nuestro acervo musical.

Otras coplas recogidas con toda probabilidad de Casiano, ya que aparecen en su cancionero –que veremos más adelante y al que nos referiremos con la abreviatura C.C. (Cancionero de Casiano)– aunque no conozcamos con certeza su autoría y que, igualmente, fueron editadas en la discografía de Los Sabandeños son, por ejemplo, la polka:

Una vieja en una cuadra
se echó un pedo y mató un mulo;
«pa» que digan que las viejas
no tienen fuerza en el culo[3].

Otro ejemplo lo tenemos en la copla integrada en la canción conocida como "Isa de Candidito", de la que se conoce otra variante que veremos en el apartado del estudio comparativo (identificada como Hernández, 1988:57; C.C. Folías: Coplas 22). Con referencia a esta copla habría que añadir también su inclusión en un cantar de trabajo documentado en El Hierro (Lorenzo, 2002:149); así como su edición en la discografía del grupo grancanario Los Gofiones –con el mismo nombre e idéntica letra a la de Los Sabandeños–, haciendo mención a un personaje de la Villa de Teror, que aparece en los créditos del LP bajo el epígrafe "Letra y música: candidito el de Teror"[4] (¿Qué misterio gira en torno a estos versos, cuál será su verdadero origen?):

---

[3] LP: "Llamarme guanche". Cara 2 –Canción 2. =Polka envenenada. Tiempo: 3´50" [Figura como autor:] (E. Alonso). Discográfica= Sono Isla. Depósito Legal= M-38286- 1985.

[4] A.A.V.V. (2001) *La Gran Antología de La Música Popular Canaria*. Coeditores: Gobierno de Canarias y otros. Coordinación de la edición: Centro de La Cultura Popular Canaria. p. 14.

¿Para qué me acariciaste
diciendo que me querías
si en tu pecho se encontraba
otro hombre que me ofendía?

O también en la "Isa de Luciano", donde figuran como autores Elfidio Alonso-Héctor González, cantar que se recoge en el C.C. Coplas de isas, 37:

¿No ves aquella barquilla
en el mar dando vaivenes?
Así está mi corazón
cuando te espero y no vienes[5].

En mayo de 1985, durante el desarrollo del Festival Folclórico celebrado en homenaje a Casiano, manifestamos públicamente el compromiso de dar a conocer todo el legado musical que, con el paso de los años, pudimos recopilar gracias a su amistad y colaboración desinteresada.

A veces los avatares de la vida intervienen en el desarrollo de los proyectos que nos proponemos, influyendo en que las cosas no salgan cuando y como uno desea. Resulta difícil afrontar el reto de enfrentarse a los recuerdos y revivir el pasado para intentar darle forma a las vivencias –con sus momentos buenos y malos–, y componer una obra que merezca la aprobación del público en general. Ese ha sido nuestro objetivo e intención, conseguir un merecido homenaje y reconocimiento a la persona y obra de Casiano Hernández Luis.

Somos conscientes de que este legado que ahora ve la luz es una herencia muy demandada entre sus familiares, amigos y personas que, o bien lo conocieron, o han oído hablar de él y de su "Cuevita" como referentes de otra época que, lamentablemente, está quedando en el olvido.

[5] LP: Los Sabandeños *30 años cantándole al mundo*. Concierto en El Palau de Barcelona 1996. Discográfica Manzana. 1996. SNICD- 119-CD, Álbum...
https://sabandeños.es/discografia/

Sería nuestro deseo que con esta publicación se dé por zanjada la deuda adquirida hace 39 años, cumpliendo –a la vez con Casiano– para que su figura, memoria y bagaje folclórico-musical continúen vivos a través de sus canciones; contagiándonos de la alegría de vivir que siempre lo caracterizó, y que fue una de sus señas de identidad.

SEMBLANZA BIOGRÁFICA

Casiano Hernández Luis, o "Tío Casiano", como le decían los familiares y personas más cercanas, nace en una casa terrera del lugar conocido como "La Finca El Pino" (en la actualidad El Drago 17), Los Gómez, La Orotava, el 17 de diciembre de 1911, en el seno de una familia campesina integrada por 9 hermanos: 4 mujeres y 5 varones, de los que era el menor. Sus padres, Casiano y Saturnina, sacan adelante a esta prole muy unida y amante del folclore musical, conocida en la zona de Los Gómez, el Barrio de La Charca y Los Barros como "Los Casianos". Este calificativo surge en honor a su padre, persona muy animosa y alegre, amante de la música e iniciador de esa parranda familiar en la que todos sabían tocar y cantar. Siempre dispuestos a amenizar cualquier festejo en aquellos bailes de antes *y así hasta que aclarara el día si hacía falta, hoy en tu casa, la próxima en la mía. ¡Cuando se juntaban los hermanos no había quien los parara!*

Desde joven su ocupación fue el campo, primero ayudando a sus padres en las labores de medianería de las tierras en torno a la casa donde nació y, con posterioridad, compaginando esta labor con la de jornalero en las grandes compañías plataneras que, por entonces, existían en El Valle. También trabajó, durante algún tiempo, en la construcción del gran embalse para agua de riego, conocido popularmente como "La Charca Ascanio" (1929), debido al apellido de la familia promotora de la obra.

En 1931 ingresa en el Servicio Militar, sirviendo al ejército en el Cuartel de Infantería del Cristo de La Laguna, donde jurará bandera bajo el gobierno de la recién estrenada II República. Cuatro años más tarde, en 1935, forma una familia junto a Petra Trujillo Hernández, de la que nacerán cuatro descendientes: María Candelaria, Domingo, Catalina y Casiano.

Petra Trujillo Hernández (foto cedida por la familia).

En la contienda de la Guerra Civil española de 1936, se ve obligado a participar en ella como miembro del Primer Batallón Expedicionario de Infantería; dándose la paradoja de tener que luchar en contra de la bandera a la que había jurado –años antes– amar y defender, teniendo que dejar atrás su trabajo, su mujer y a una hija de 16 meses.

En 1937 regresa de la guerra –aún no finalizada– en muy mal estado de salud a causa de la congelación de parte de su cuerpo. Desahuciado por los médicos logra hacerle frente al diagnóstico emitido, recuperándose de sus heridas en las dependencias del que fuera conocido como Sanatorio de Las Cañadas del Teide, hoy desaparecido[6]; aunque queda incapacitado para volver a ejercer sus anteriores ocupaciones en el campo, al que siempre apreció y respetó. Muestra de ello era la expresión de regocijo que pronunciaba al término

Casiano Hernández Luis (foto cedida por la familia).

[6] Gracias a las cualidades naturales del aire, la sequedad del ambiente y altitud del lugar, muchas personas, con escasos recursos económicos, lograron recuperarse –principalmente– de sus problemas respiratorios y de piel. Para más información sobre el Sanatorio de Las Cañadas del Teide se puede consultar el libro de Montse Quintero García y Juan Antonio Núñez Rodríguez "*Vivencias en La Cumbre*". Ediciones Saquiro S.L Depósito Legal= 2017. ISBN: 978-84-941849-9-4.

de una canción bien ejecutada: ¡*Arriba el campo*!, o aquella otra de: ¡*Upa nené*!

Exterior del Sanatorio de Las Cañadas. Mediados del siglo XX (archivo del autor).

Con el paso del tiempo (década de los 50) y ante tal situación, será cuando se plantea la apertura de "La Cuevita" como entretenimiento y fuente de ingresos de una pequeña economía, vendiendo directamente el vino de su propia cosecha; labor que desempeña durante un largo periodo de tiempo hasta que se produce el cierre definitivo de su negocio en noviembre de 1983. Meses más tarde –en plenas fiestas de carnaval– Casiano deja de estar físicamente entre nosotros contando, por aquel entonces, con 72 años de edad.

Las causas que indujeron al cierre de "La Cuevita" obedecieron a varios factores que vendrían motivados tanto por la avanzada edad de Casiano, problemas de salud, falta de relevo generacional; como por la imposición de nuevas técnicas de negocio, requisitos sanitarios del local, fiscalidad..., obstáculos ante los que se veía incapaz de hacerles frente.

Como en una especie de presentimiento por su parte, pero con el mismo entusiasmo de siempre, parece que Casiano no quiso despedirse de nosotros sin antes obsequiarnos con unas coplas que, tal vez traídas del recuerdo o haciendo alarde de su don de creatividad, compuso sobre la marcha en la última parranda que pasamos juntos en aquel carnaval en el bar "La Talla" (regentado por Fito Travieso), pues durante el tiempo en que llegué a conocerlo nunca antes le había oído interpretar las siguientes coplas:

(Copla de isa)
Los carnavales son tres
y yo digo que son cuatro,
que el miércoles de ceniza
también me divierto un rato.

(Estribillo)
Diviértanse muchachos
que se va el carnaval,
diviértanse muchachos
que se va, que se va.

Casiano, Pipe y Sixto. Bar "La Talla", lunes de carnaval de 1984 (foto cedida por Sergio Edodey).

Casiano: "La última folía". Bar "La Talla", lunes de carnaval de 1984 (foto cedida por Sergio Edodey).

CASIANO: GUARDIÁN Y BALUARTE DE ANTIGUAS TRADICIONES

El reconocimiento al trabajo de Casiano como guardián, baluarte y correa de transmisión de antiguas tradiciones, surge con anterioridad a su fallecimiento con la difusión radiofónica de una entrevista realizada, en octubre de 1983, por el escritor y periodista José H. Chela. Con posterioridad y, tras su muerte, Casiano volverá a ser objeto de sucesivas muestras de cariño y valoración a través de la publicación de diversos artículos periodísticos; culminando esta trayectoria con el reconocimiento institucional que le otorga el Ayuntamiento de La Orotava, al aprobar, por unanimidad, la propuesta de nominación de una calle y homenaje público a su memoria.

ENTREVISTA

Entrevista de José H. Chela a Casiano Hernández Luis, en "La Cuevita". La Orotava (octubre de 1983). Programa de Radio Nacional de España en Canarias. S/C de Tenerife[7]:

-Entrevistador y comentarista: J. H. Chela (Ch).
-Entrevistado: Casiano Hernández Luis (Ca).
-Comentarista auxiliar: ¿? (Anónimo) = (An).

[7] Las abreviaturas que figuran junto a los nombres tienen como finalidad distinguir, en el texto de la transcripción, a cuál de los intervinientes se hace referencia. Algunos vacíos que se aprecian en el texto se deben al deterioro de la cinta casete de donde se reprodujo la transcripción; esto motivado por el tiempo transcurrido desde su grabación, lo que imposibilitó su correcta audición.

Ch.- *Nuestro ángel del domingo de hoy es "maestro" Casiano, un ángel mayor, venerable y (¿?), que ambas cosas pueden conjugarse.*

En los setenta y bastantes años de su memoria han quedado grabadas coplas y canciones que ya casi nadie recuerda.

No ofrece solamente el vino, la amistad y la alegría compartida; también ofrece la guitarra y el timple, siempre a disposición del cliente y en humor y en compaña y, estas lejanas letrillas que no deben morir nunca. [...]

Chela pregunta a Casiano, de dónde surgen las letras de sus canciones.

Ca.- *Bueno, pues esas coplas, pues aparecen de ¡je, je!, de alguna cosa que... que sucede en la vida y... y todo, porque de ahí ha salido todo el repertorio.*

Se interpretan dos canciones: la Polkita "Don Manolo" y la Jotilla "Una casita chiquita". A la guitarra y voz: Casiano Hernández; al timple: Sixto Sánchez.

An.- *¡Ay!, qué pena nos da abandonar la bodega del "maestro" Casiano, un guachinche. Ya van quedando menos de los auténticos.*

Ch.- *Y a los que quedan deberían declararlos monumentos vinícolo-históricos, o algo así, para... evitar que desaparecieran.*

An.- *¡Bueno! José H. Chela, en fin, subamos las escaleras de la bodega de "maestro" Casiano, salgamos a la luz de este domingo radiofónico.*

Ch.- *Nuestro viaje se va acabando... y es una pena. Es una pena despedirse de "maestro" Casiano. Lo volveremos a traer otro domingo por aquí.*

ARTÍCULOS PERIODÍSTICOS

1. Periódico CANARIAS7.Editado en Las Palmas de Gran Canaria. Fecha: marzo o abril (¿?) de 1984. Sección: El ojo ajeno.

   Título: CASIANO
   Autor: José H. Chela

«Ustedes me van a permitir –me han de permitir– un ramalazo sentimental y nostálgico. Odio los artículos necrológicos y no quiero que sea esta una columneja necrológica. Pero, uno tiene su corazoncito y no puede evitar ciertos lagrimeos literarios que, en el fondo, espera que no sean demasiado cursis.

Miren (que es la coletilla que ha puesto de moda el presidente de Gobierno). Miren: Se ha muerto un hombre que se llamaba Casiano. No me pregunten los apellidos porque no me los sé. Solamente les puedo decir que Casiano era el dueño de una pequeña bodeguita, escondida bajo un puente, al lado de la carretera vieja, según se llega a La Orotava. Y que la bodeguita de Casiano fue una fiesta siempre y un refugio intermitente, para todos los que amamos el vino y las guitarras y los timples y las viejas coplas.

En la bodeguita de Casiano me encontré desde Elfidio Alonso hasta El Minuto, pasando por el incomparable Dacio y llegando al cachondo Senante.

La bodeguita de Casiano tenía hora de apertura, pero jamás, se sabía cuándo iba a cerrar. Desde las paredes, cientos de tetudas señoras buenorras, coleccionadas en calendarios que desgranaban los años, escuchaban en silencio las folías, malagueñas, las isas de los invitados y las alucinantes, viejísimas, imposibles canciones, recuperadas por él y para él solo, por el propio Casiano, cuya bondad, cuya personalidad y cuya simpatía no cabían en aquel pequeño guachinche lleno de barricas y en la que siempre había un instrumento afinado para el que se lo pedía, a condición de que supiera tocarlo y bien tratarlo.

Yo siempre dije –desde hace años- que me daba pena. Que Casiano se moriría y sus canciones, sus viejas canciones que ya nadie recuerda, se perderían definitivamente, y, con ellas, nos olvidaríamos, para siempre, de una parte de nuestra historia y de nuestro folklore.

Casiano odiaba los magnetófonos, los casettes y las máquinas trilladoras, pero afortunadamente, un día le pillé de buenas o un poco cargado y en Radio Nacional debe existir una cinta en la que el viejo maestro dejó lo mejor de su repertorio.

No sería mala cosa emitir esa reciente grabación.

Desde cualquier risco del cielo –o del infierno- Casiano escuchará su propia voz y sonreirá, como en vida, mientras se larga su pausado vaso de vino, a la salud de los que aquí quedamos».

2. Periódico El Día. Editado en S/C de Tenerife. Fecha: 16/03/1984. Sección: Cartas al Director.

Título: ADIÓS A CASIANO
Autor: Ignacio Torrents González

«Amigo Casiano: perdóname que por primera vez en la vida (¿en la vida?) te tutee y suprima el respetuoso "Don Casiano" con que siempre te traté; te fuiste como siempre decías que te gustaría, en medio de las fiestas de Carnaval, en las que este año cantaste como siempre (me han dicho mis hijos que como nunca), con tu inconfundible y contagioso buen humor y tu bien timbrada voz; la primera vez que estuve en tu entrañable cueva, hace ya unos años, fui con nuestro común amigo el francés-ranillero Pierre Bourgeois. ¿Te acuerdas de don Pedro, como tú lo llamabas? ¡Menudo disgusto se llevará en Paraguay, cuando se entere de que te has ido!; después volví otras veces a aquel rincón, único en el mundo, donde predominaba la gente joven, aunque también íbamos muchos que ya lo somos menos; cada uno sirviéndose a su gusto bajo el blando control de tu mirada de buenazo sonriente; después de los sabrosos diálogos verbales contigo, venían sin esperar mucho los otros diálogos, los de las guitarras y timples, en los que los espontáneos íbamos cambiando de instrumento en los que el interminable repertorio de tus estribillos y canciones alegraban el alma al más triste; siempre me llamó la atención el respeto y el cariño con que te trataban los jóvenes, y es que tú eras el más joven de todos, pues, aunque por tu edad podías ser mi padre, eras gran amigo de mis hijos, a los que en estos días he visto llorar por tu muerte, como lo han hecho todos los chicos y las chicas de La Orotava que te han conocido. ¡Qué mejor se puede decir de ti!

Te imagino en el cielo (porque tú eres de los que van derechos allí, sin recomendaciones, trámites ni oficinas intermedias), donde sin duda seguirás cantando, rodeado de ángeles de todas las edades que te harán el coro y te gastarán las mismas inocentes bromas que te gastaban tus habituales clientes. Descansa en paz, Casiano, pero no dejes de cantar. Aquí te recordaremos siempre».

3. Periódico El Día. Editado en S/C de Tenerife. Fecha: 24/04/1984. Sección: Cartas al Director.

Título: CUANDO UN AMIGO SE VA...
Autor: Pipe (Felipe Pérez Expósito)

«Que yo recuerde, la primera vez que visité tu cueva (eran horas aquellas ardientes y concurridas de la tarde de un verano, sin fecha) consumimos gran parte de nuestra entretenida estancia, discutiendo, con tan poca pasión, acerca de la posible localidad de tan bondadoso vino. Mis compañeros de visita y este huérfano amigo, apenas te conocíamos más que de oídas y, acaso por la duda, acaso por respeto, acaso por desinterés, no recurrimos a tu valiosísima ayuda. Yo, sin éxito, intentaba reivindicar ante mis amigos una justa filosofía para el vino; y a pesar de que el lugar se prestaba enormemente a tal reivindicación, mis amigos, haciendo gala de un conservadurismo (en conclusiones, que no en atiborrarse del noble caldo) inexplicable, rechazaban una y otra vez el dar trato filosófico al sudor oscuro de las parras (en este caso, oscuro, porque la comarca lo exige) y, quizás para desvencijar mis cercanas iras, proponían como justo sentenciar de legendario al mayestático y embriagador alivio. Cansado de que mis palabras quedaran inertes en el aire inerte del verano, decidí respirar, antes que mal humor, la silenciosa soledad del barranco... Fue entonces cuando por primera vez vi el nido: Era un nido pequeño, formado con cien azules hierbajos muertos y blancos hilachos y viejos amarillos. Es un nido abandonado, pensé. Y entonces una ráfaga de folías de los adentros llegó y yo hacia los adentros me fui.

A la cueva de Casiano volví en primavera (de algún año ulterior, se entiende) y la disputa, mucho más concurrida y apasionada que en mi primera visita, se centró en el lenguaje lírico de las atlánticas; el folklore isleño nos robó media tarde y muchos minutos de la noche: malagueñas, primero; después, isas, y por último, cuando dulcificó el aire la melancólica folía, me acorde del nido abandonado entre las zarzas del barranco y salí a la terraza para imaginar su estado, pues era ya la media noche. El nido, reformado por mil azules hierbajos muertos y amarillos viejos, guardaba del moderado frío de la noche a cuatro polluelos durmientes. La folía melancólica los despertó. Sus colores blanco espuma refulgieron a la luz de la luna. Era ya la medianoche.

Regresé al santuario del barranco en la mañana de un otoño frío. (También sin fecha). La noche anterior había soñado con un nido azul y blanco de vida y amarillo viejo, y, después de reflejar en mi rostro la sonrisa de Casiano, me asomé al barranco y vi un nido, mucho mayor que el de mi sueño, formado de mil azules hierbajos y habitado por cuatro jóvenes pájaros y cuatro famélicos polluelos amarillos. ¡Qué grata sorpresa!, me dije. Y marché alegre a beber vino y a cantar folías e isas y malagueñas...

Y no ha mucho de esto (tal vez, algunos pocos meses) visité por última vez tu añorada cueva. No sé, quizás no quiera recordar, si fue de mañana o de tarde o en la fría noche. Sí sé que bebí y canté y sanamente discutí, con muy grande regocijo y no menos pasión, y que, por supuesto, vi a los ocho hermanos pájaros, pues ya eran todos adultos, cuatro blancos y cuatro amarillos, rebosar un nido que una vez más se había dilatado en su redonda estructura; sin embargo, la más gozosa sorpresa fue descubrir cuatro ovaladas blancuras que refulgían abismados en la oronda cuna a la clara luz de la luna, o (como ya advertí antes que no sé, o quizás no quiera recordar, si fue mi visita de mañana o de tarde o en la fría noche) a la cálida brillantez del día.

Pero llegó la noche, oscura y fría, en la que el buen Casiano decidió abandonarnos. La dura realidad nos llegó a la mañana siguiente por los hilos del teléfono, por el eco de una esquela mal oída a media mañana en la radio: "Ha muerto, después de mucho vivir, el incansable cantor"... No, no asistí a tu entierro. Era tanta tu alegría que no quise profanarla participando de un acto tan triste. Y, sin embargo... ¡ay!, sin embargo alguien me contó un hecho hermoso y alegre que ocurrió, entre tanta desolación, aquella soleada tarde. Lo llevaban llorosos hacia la tierra –me empezó a contar aquel "alguien"- sobre la tapa oscura del oscuro embalaje, entre el rojo clavel y la blanca rosa de las coronas, bailaban en romería los cuatro pájaros blancos y los cuatro amarillos y... Sí, las cuatro ovaladas blancuras que en la última primavera habían rebosado el nido del barranco, transformados estaban ahora en cuatro hermosos pájaros azules, cuatro danzarines azulejos escoltados a diestro y siniestro por sus hermanos blancos y amarillos que, según creyó oír mi amigo, "el alguien", despidiéndose del inolvidable trovador, cantaban: "Échame la gatita por la gatera,/ que soy yo el gatito que anda por fuera..." - Pipe».

PLENO DEL EXCMO. AYUNTAMIENTO DE LA OROTAVA

En la sesión plenaria del Excmo. Ayuntamiento de La Orotava, celebrada el martes 27 de marzo de 1984 –bajo la presidencia de su Alcalde Isaac Valencia Domínguez–, los concejales del grupo político Unión del Pueblo Canario (U.P.C.) Domingo Domínguez Luis e Ignacio Rodríguez Marrero, presentan una propuesta de reconocimiento y homenaje hacia la persona de Casiano Hernández Luis –recogida en el punto 13 del orden del día– haciéndose eco de la demanda del sentir popular de un gran número de vecinos del municipio. Como consecuencia, la propuesta fue aprobada por unanimidad.

A continuación expondremos la parte seleccionada del mencionado documento.

MOCIÓN SOBRE NOMINACIÓN DE UNA CALLE Y HOMENAJE A "CASIANO EL DE LA CUEVITA"[8]

Los concejales de la Unión del Pueblo Canario traemos a la consideración de este Ayuntamiento Pleno la siguiente Moción:

[8] Transcripción del texto original cedido tras solicitud aprobada por el decreto nº 2023-0982. Fondo Documental Archivo Municipal La Orotava.

Recientemente ha fallecido en La Orotava y de una manera inesperada, D. Casiano Hernández Luis más conocido por "Casiano el de la Cuevita". Casiano, Don Casiano, como tantos hombres y mujeres de nuestro pueblo son de la clase de personas que la memoria respeta para siempre. A lo largo de su vida, que fue un derroche de bondad y generosidad no tuvo en su pequeño bodegón, que para muchos fue un rincón alegre y hogareño, un solo desaire para el visitante de paso o para el amigo de siempre. Llenaba estos ratos con su constante homenaje a nuestras islas que es su canto, isas, folías, malagueñas, que desde antaño él conservaba y recitaba y cantaba para el deleite de todos. Con el tiempo su memoria ha servido para que muchos investigadores del folklore ahondaran en los versos y coplas que Casiano conocía.

La Orotava, como tantos otros pueblos, ha sido cuna de grandes e ilustres personajes que han sido homenajeados y eternizados a través de una calle o monumento. También, y todo hay que decirlo, otros esperan la iniciativa de alguien para que rindamos el culto a su memoria. Casiano "el de la Cuevita" pertenece a la familia o grupo de personas "populares" que el pueblo llano y sencillo se encarga de eternizar. La Orotava está llena de ellos y su historia contempla –el día en que se escriba serán sus principales protagonistas-, en sus capítulos más importantes, las hazañas, venturas y desventuras, de estos seres que surgen desde su propia humildad, bondad y la imaginación que inspira paradójicamente la miseria y el dolor. Pues el gran mérito de éstos ha sido y es su constante reto a una vida que no ha sido agradecida con ellos y sin embargo nos la ha hecho un poco más soportable a los demás.

El Ayuntamiento como institución más cercana y representativa del sentir de los ciudadanos creemos que, cuanto antes, tendrá que encontrar una ocasión en que tantos y tantos personajes recordados por todos y que han sido un hecho importante en la historia de muchas generaciones tengan el homenaje que siempre han merecido. Con Casiano el de la Cuevita podríamos comenzar una obra que seguro nuestro pueblo agradecerá.

Solicitamos que se le nomine una calle y que este Ayuntamiento se adhiera al homenaje que muy pronto se rendirá a su memoria.

D. Casiano [illegible]

R Balcells

Jesús García González

SESION ORDINARIA DEL PLENO DE ESTE EXCMO AYUNTAMIENTO, CELEBRADA EL DIA 27 DE MARZO DE 1984. EN 1ª CONVOCATORIA

En la Villa de La Orotava a veintisiete de Marzo de mil novecientos ochenta y cuatro, siendo las diecinueve horas y treinta minutos, se constituyó en la Sala de Sesiones de la Casa Consistorial, el Pleno de este Excmo. Ayuntamiento, bajo la Presidencia del Sr. Alcalde Don Isaac Valencia Domínguez, concurriendo los Sres. Concejales Don Antonio Santos Cruz, Doña Ana María Llarena Bastarreche, Don Matías Hernández Pérez, Don Pedro R. Delgado Díaz, Don Vicente Miranda Hernández, Don Felipe Hernández Ruiz, Don Domingo Domínguez Luis, Don Jesús Rodríguez Rodríguez-Franco, Don Roberto Luis Hernández, Don Víctor Javier Pacheco Hernández, Doña Carmen Delgado Expósito, Don Juan Dorta Dorta, Don Juan Porfirio Hernández Arroyo, Don Cristobal González Hernández, Don Gervasio Luis Lariña, Don Ignacio Rodríguez Marrero, Don Manuel Cabrera Estévez, Don Rafael Hernández Herreros, y Doña Carmen Nieves Pérez López, y el infrascrito Secretario Don Ricardo Balcells

AMLO

084

la plaza y los locales con arreglo a dicho proyecto y que una vez ejecutada la construcción, dos de los locales se entregarán a las personas que tienen derecho.

Don Domingo Domínguez Luis, recuerda que hay un acuerdo Plenario donde se acordó solicitar subvención de algún Organismo Público para subsanar los gastos de dichas obras y desea saber si se han solicitado dichas ayudas.

La Presidencia responde, que efectivamente se han solicitado las aludidas subvenciones pero que no se ha obtenido una respuesta positiva, por lo que procede que el ayuntamiento realice la obra por su cuenta.

Finalmente y por unanimidad se acordó aprobar la actualización del Proyecto y del Presupuesto, y que previa la solicitud de un mínimo de tres ofertas de empresas contratistas, se proceda a la contratación de la referida obra.

13.- MOCION DEL GRUPO DE U.P.C. SOBRE NOMINACION DE UNA CALLE Y HOMENAJE A CASIANO EL DE LA CUEVITA.

Seguidamente se dió lectura a la Moción que presenta Don Domingo de U.P.C., sobre denominación de una Calle y homenaje a Casiano el de la Cuevita, cuyo tenor literal es el siguiente:

"Los concejales de la Unión del Pueblo Canario abajo firmantes traemos a la consideración de este ayuntamiento Pleno la siguiente Moción:

" Recientemente ha fallecido en La Orotava y de una manera inesperada, Don Casiano Hernandez Luis más conocido por "Casiano el de la Cuevita". Casiano, Don Casiano, como tamtos hombres y mujeres de nuestro pueblo son de la clase de personas que la memoria de la historia respeta para siempre. A lo largo de su vida, fue un derroche de bondad y generosidad, no tuvo en su pequeño bodegón, que para muchos fue un rincón alegre y hogareño, un solo desaire para el visitante de paso o para el amigo de siempre. Llenaba estos ratos con su constante homenaje a nuestras [illegible] que es un canto, isas, folías, malagueñas, que desde antaño él conservaba y recitaba y cantaba para el deleite de todos. Con el tiempo su memoria ha servido para que muchos investigadores del folklore ahondaran en los versos y coplas que Casiano conocía.

"La Orotava, como tantos otros pueblos, ha sido cuna de grandes e ilustres personajes que han sido homenajeados y eternizados a través de una calle o monumento. También, y todo hay que decirlo, otros esperan la iniciativa de alguien para que rindamos el culto a su memoria. "Casiano el de la Cuestita" pertenece a la familia o grupo de personas "populares" que el pueblo llano y sencillo se encarga de eternizar. La Orotava está llena de ellos y su historia contempla el día en que se escriba serán sus principales protagonistas —, en sus capítulos más importantes, las hazañas, venturas y desventuras de estos seres que surgen desde su propia humildad, bondad y la imaginación que inspira paradójicamente la miseria y del dolor. Pues el gran mérito de estos ha sido y es su constante reto a una vida que no ha sido agradecida con ellos y sin embargo nos la ha hecho un

085

poco más soportable a los demás."

"El ayuntamiento como institución más cercana y representativa del sentir de los ciudadanos creemos que, cuanto antes, tendrá que encontrar una ocasión en que tantos y tantos personajes recordados por todo y que han sido un hecho importante en la historia de muchas generaciones tengan el homenaje que siempre han merecido. Con Casiano el de la Cuevita podríamos comenzar una obra que seguro nuestro pueblo agradecerá.

"Solicitamos que se le nomine una calle y que este Ayuntamiento se adhiera al homenaje que muy pronto se rendirá a su memoria."

Abierto el turno de intervenciones y tomando la palabra el propio Don Domingo Domínguez Luis, en nombre de U.P.C. desea hacer las siguientes manifestaciones aclaratorias de la moción que presenta:

"1º.- Existen más de 50 coplas originales y recopiladas por Casiano a lo largo de su vida que muy pronto se van a refundir en un libro. El origen de las mismas reside en temas extraídos en la Campaña de Marruecos, de la Guerra de Cuba y otros y que a través de generaciones Casiano guardó celosamente.

2º Por otro lado, añadir que conjuntos famosos como los Sabandeños Taburiente, Ayeamzaga etc. han incluido en sus actuaciones, producción etc. coplas originales de Casiano así como muchas recopiladas por él.

Muestra de ello es esta famosa que dice:

Fueron los guanches primero
en esta Tierra Canaria

los que llevaron a hombros
a la Virgen de Candelaria.
También tiene una extensa gama de puntos
urbanos, en su recopilación."
La propuesta fué aprobada por unanimidad.
14.- MOCION DEL GRUPO POLITICO P.S.O.E. SOLI-
CITANDO DATOS DE CARACTER ECONOMICO.
Seguidamente, se dió lectura a la propuesta del Grupo del P.S.O.E. solicitando datos de
carácter económico cuyo tenor literal es el siguiente:
"A raiz del informe económico emitido recientemente por el Sr. interventor de Fondos se nos
suscitan importantes dudas que queremos exponer
y aclarar, siempre con la ayuda de los Servicios
Económicos Municipales, para lo cual, proponemos al Pleno que para conseguir el fin
pretendido acuerde la presentación de los siguientes informes en la mesa de la próxima
sesión plenaria:
1º.- Saldos de las cuentas bancarias que
la corporación mantiene con las entidades de
la plaza al 29 de Febrero de 1984
2º.- Resultando del arqueo de Caja en
la misma fecha.
3º.- Lugar en que se encuentra contabilizada
la operación de Tesorería de 110.000.
000 de pesetas que se reconoció como
pendiente de pago a final de año
y por imposibilidad de liquidarla.
4º.- Se consignan 8.550.000 pesetas en
concepto de intereses para la operación
de Tesorería que es aproximadamente

Pleno del Ayuntamiento 17 marzo 1984. Moción de calle y Homenaje a Casiano Hernández Luis. Copia del documento original (Fondo Documental Archivo Municipal La Orotava).

HOMENAJE

El 31 de mayo de 1985 se celebró en el Salón de Actos del ex convento de San Agustín (La Orotava) el Homenaje acordado en sesión plenaria de 27 de marzo de 1984.

Dicho evento, consistente en un Festival Folclórico, fue organizado por el Colectivo Cultural Valle de Taoro –al frente del cual figuraba el incansable investigador de la cultura y tradiciones canarias Manuel J. Lorenzo Perera–, un grupo de amigos de Casiano, y bajo el patrocinio del Excmo. Ayuntamiento de La Villa.

La presentación del acto estuvo a cargo del amigo Adolfo Martin Sosa (Fito Travieso), mientras que la sonorización fue objeto del prestigioso técnico de sonido Ismael Reyes Regalado ("Radio Reyes").

Homenaje Popular a CASIANO el de «La Cuevita»

PROGRAMA:

Presentación del acto.

Poesía: - **Francisco Viña e Isabel Medina**

Juego del Palo:- **Grupo Universitario de Juego de Palo**

Música: - **Bencheque (Icod)**

- **Parranda Los Alzados (Icod el Alto)**
- **Agrupación "Añate" (La Victoria)**
- **Grupo Folklórico de la Escuela de Magisterio (La Laguna)**

La Orotava, Viernes 31 de Mayo de 1.985
A las 8 de la tarde
Salón de Actos de San Agustín

ORGANIZA: Colectivo Cultural Valle de Taoro y Amigos de Casiano

PATROCINA: Excmo. Ayuntamiento de la Villa de La Orotava

Gentileza:

IMPRENTA TRAVIESO

ROSALES, 8 - TELEFONO, 33 03 17 - LA OROTAVA

Octavilla anunciadora del Homenaje Popular a Casiano Hernández Luis (archivo del autor).

En primer lugar se procedió a la lectura de una semblanza biográfica del homenajeado. Luego tomó la palabra Ignacio Torrents González, quien pronunció un emotivo discurso (Panegírico) elogiando y destacando la figura humana del protagonista de la velada[9].

Señoras, señores, jóvenes de todas las edades, amigos: el decir amigos no es una manera de hablar: es que muchos de los que aquí estamos no nos conocemos personalmente, tenemos sin embargo un denominador común y es que todos fuimos amigos de Casiano; hoy nos hemos reunido un grupo de personas de diferentes ideologías y credos con el objeto de ofrecer un homenaje un tanto extraño; raro es el día en que no se celebren en la piel de toro y rocas adyacentes, docenas y docenas de homenajes a personajes de las letras, las ciencias, las artes, las armas y la política, unos merecidos, otros menos, y en una gran proporción francamente inmerecidos; los homenajeados de turno son en general y con honrosas excepciones, una fauna variopinta de personajes, a veces de personajillos, encumbrados momentáneamente por razones ajenas a sus auténticos méritos; sin embargo no es frecuente homenajear a un hombre por haber cumplido durante toda su vida con el tan cacareado y tan pocas veces practicado mandamiento que dice: amarás al prójimo como a ti mismo; sin títulos académicos, sin brillante historial político, militar ni civil; sin altos vuelos sociales y en una situación financiera que podríamos catalogar de "poco boyante", pero por el contrario, un hombre inmensamente rico, porque tuvo la mayor riqueza a la que un mortal puede aspirar: el aprecio, el respeto y el cariño de todos los que lo conocieron.

El único mérito que yo tengo para robarles un par de minutos con motivo del homenaje que hoy se tributa al inolvidable Casiano es haber sido su amigo y admirador: amigo, porque estamos de acuerdo todos los que tuvimos la suerte de conocerlo, en que era de esos hombres que por su indudable magnetismo personal, infundía confianza y respeto, y era imposible dejar de ser su amigo; admirador por lo mismo, porque era una especie

[9] Intervención registrada en la web de acceso a audios (en adelante A.A.) que acompaña a esta edición (Grabación 1). El texto que reproducimos se corresponde con el manuscrito original que, amablemente, nos cedió su autor (Ignacio Torrents González) con la intención de que, algún día, llegara a formar parte de este trabajo en homenaje a Casiano.

de mirlo blanco, y una conversación o una parranda con él eran como un oasis de paz en esta vida ajetreada, absurda y metalizada que nos ha tocado vivir; su espléndida humanidad le hizo pasar por la vida derrochando virtudes y alegrías a manos llenas y haciendo gala del más importante de sus títulos: el de ser un hombre elementalmente bueno; recuerdo que poco después de su fallecimiento, me llamó por teléfono un buen amigo, importante hombre de empresa del Valle y habitual cliente de La Cuevita, que estuvo casi media hora hablándome solamente de las virtudes de este hombre magnífico; entre otras cosas me comentaba anécdotas muy sabrosas, pues este amigo tenía la brumorada de invitar a La Cuevita (diciéndoles que iban a visitar un sitio único en el mundo) a todos los viajantes peninsulares que mantenían con él relaciones de negocios; allí, con la pícara complicidad de Casiano, los atiborraba de vino clarete y cabrillas de gofio, y al día siguiente, con la correspondiente resaca, algunos no podían salir del hotel, teniendo que cancelar sus compromisos comerciales, lo cual no era motivo para que en posteriores cartas y llamadas dejaran de enviarles saludos al dueño de un establecimiento tan singular.

Dice un antiguo proverbio oriental que un hombre cumplió su misión en la tierra cuando tuvo un hijo, escribió un libro y plantó un árbol; sé que Casiano ha tenido hijos que continúan su recto proceder; no escribió ningún libro, pero recogió y dio a la luz innumerables muestras de nuestro folklore que sin él hubieran desaparecido en el olvido; en cuanto al árbol, no sé si lo habrá plantado o no, pero sí sé que siempre plantó el árbol del bien por donde pasó y que también tuvo la suerte de recoger sus frutos, siendo de los felices mortales que dejó el mundo mejor de lo que lo encontró.

Posteriormente se dio paso a la sección musical en la que intervinieron los siguientes grupos: Añate (La Victoria de Acentejo), Bencheque (Icod de los Vinos), Grupo Folklórico de La Escuela de Magisterio de La Universidad de La Laguna, así como la Parranda "Los Alzados" (Icod del Alto); los cuales ofrecieron un variado repertorio musical con temas característicos de diferentes comarcas de Tenerife.

A su vez se contó con la participación especial del afamado interprete orotavense don Venancio Suárez Viera, más conocido popularmente como "El cantador de La Villa". Nacido en 1907 y a sus 78 años, con su voz de tenor y su peculiar estilo que rozaba la lírica, interpretó –acompañado por algunos de los grupos presentes–, varios temas como: la polkita, folías, malagueñas e isas de las que mostramos la transcripción de sus letras, comenzando por un estribillo de isa que destaca por su peculiar trasfondo picaresco[10]:

Corre Mariquilla
súbete a lo alto,
verás una vieja
pelando un lagarto.

Ella lo pelaba
con tanto salero
que no le dejaba
ni plumas ni pelos.

Ni plumas ni pelos,
ni plumas ni pelos,
corre Mariquilla
súbete al granero.
(Grabación 42)

Coplas de isas:

En mi tierra no hay tristeza
que lo que hay son alegrías,
hasta los pájaros cantan
estas hermosas folías.
(Grabación 42)

Cuántas veces madre amada
canto para divertirme.
No siento sino es morirme
y dejarte abandonada.
(Grabación 46)

[10] También se pueden escuchar estas canciones en la web de acceso a audios (A.A.); para lo cual se indica el número de la grabación correspondiente.

También destaca por su singularidad una folía cuya letra parece estar inspirada en tres personajes bíblicos: Alfeo, padre de tres de los doce apóstoles; el profeta Jeremías y Zebedeo, padre, a su vez, de Santiago y Juan el apóstol.

Tocaba la lira Alfrego[11]
y bailaba Jeremías,
le cantaba la folía
la hija del Zebedeo.
(Grabación 43)

Otra copla de Folía muy conocida es:

¡Ay folías, folías tristes folías!
Alma del pueblo canario,
voces de guanches que suenan
todavía en estos campos.
(Grabación 43)

La Malagueña también estuvo presente con el siguiente cantar:

No llores madre, no llores
que pronto yo ha de volver,
y contigo pasaré
lo que me quede de vida.
¡No llores madre querida!
(Grabación 44)

Y por último una versión de la popular Polkita "Don Manolo", que también aparece recogida en el Cancionero de Casiano (C.C. Polkita 1, Grabación 40).

11 Al escuchar la grabación de esta copla, don Venancio distorsiona el nombre Alfeo, el cual pronuncia como "Alfredo" y "Alfrego".

¡Hola! Don Manolo
qué gordo está usted,
-cómo no ha de estar gordo ¡Caramba!
si lo paso bien.

(Estribillo)
Voy a la azotea
a tender la ropa
veo un ratoncito ¡Caramba!
bailando la polka.

¡Hola! Don Manolo
qué gordo está usted
-cómo no ha de estar gordo ¡Caramba!
si lo paso bien.

Cojo mi cigarro,
mi taza de té,
cojo mi cigarro ¡Caramba!
mi taza de té.

(Estribillo)
¡Hola! Don Manolo...

(Estribillo)
Voy a la azotea...

Y esta es la polkita,
y esta es la polká,
y esta es la polkita ¡Caramba!
qué buena que va.
(Grabación 45)

El acto fue clausurado con la presencia del Concejal de Cultura y Deportes del Ayuntamiento de La Orotava Juan Donis Donis quien, como conocedor y participe del folclore de "La Cuevita", pronunció unas calurosas palabras dirigidas a los hijos, familiares y amigos de Casiano allí presentes.

Al centro Ignacio Torrents, a la izq. Antonio "el chocho", a la dcha. Alfonso "pilili". Bar Cachimba, La Orotava (foto cedida por Manuel Salazar Benítez).

"LA CUEVITA": EL SITIO Y LA PERSONA

Con el nombre de "La Cuevita" era conocida una pequeña bodega que, en la actualidad, podría definirse como un guachinche –"pero de los auténticos"–. Su localización exacta nos sitúa en el nº 26 de Los Barros, en la Carretera General de La Charca TF 21, Km 2, a un extremo del puente que atraviesa el barranco de la Arena en dirección a La Cuesta de La Villa y el municipio de Santa Úrsula.

La cubierta verde (patio). La 1ª planta del edificio de bloques vistos se corresponde con el lugar conocido como "La Cuevita" (foto del autor).

En la margen izquierda de dicho barranco –en la misma vertical de la pared–, se asomaba el pequeño patio de "La Cuevita" que, a modo de mirador, permitía divisar una amplia panorámica del sector este del Valle de La Orotava: la Ladera de Tamaide, los asentamientos de Los Gómez, Pino Alto, La Florida, Pinolere y Mamio; hasta alcanzar las Cumbres de Izaña.

Cabreros de La Orotava transitando con su rebaño por la zona de La Romántica, Los Realejos (postal: P. Marzari s.r.l.-Schio. Eurimpex G E 10. Archivo del autor).

También, de vez en cuando, se podía disfrutar del tránsito de los rebaños de cabras que, al cuidado de sus pastores, se desplazaban por los antiguos caminos en busca de los pastos de temporada.

El aspecto austero y rústico era el principal distintivo que caracterizaba al pequeño recinto de la bodega. En su interior, el mobiliario estaba representado principalmente por tres mesas elaboradas con troncos de pino, sus correspondientes bancas -también de madera- y un poyo de mampostería que, a modo de asiento, aprovechaba las irregularidades de la pared de la cueva. En un extremo, tres viejas barricas de madera donde se encerraba el vino, varios garrafones, algún que otro caldero y sartenes que colgaban de sus paredes de piedra y bloques de cemento sin revestir. Y, como toque de modernidad, un fregadero de aluminio y, al fondo, una pequeña nevera.

Entre todo este mobiliario y casi sin llamar la atención nunca faltaron el requinto, la guitarra y el timple; siempre custodiados por las señoritas que figuraban en los "clásicos" almanaques que, año tras año, iban incrementando la decoración de aquel local.

El sistema de iluminación consistía en la luz del sol que durante el día entraba por el vano de una puerta de madera con doble hoja y color verde, así como por una serie de reducidos ventanucos que asomaban al barranco. Por la noche le tocaba el turno a una triste y escuálida bombilla que colgaba del techo, acompañada por una pequeña bombona que se utilizaba como luminaria, en casos extremos, o como cocina para la preparación de algún guiso ocasional.

Al exterior se encontraba el mencionado patio, con un banco de obra adosado a un lateral, unas escalinatas que conectaban con la ca-

Interior de “La Cuevita”. Dibujo a lápiz - abril 1983 (cedido por su autora: Dácil Travieso).

rretera –utilizadas en ocasiones como improvisado anfiteatro para acoger a las numerosas personas que allí se llegaron a congregar– y, como remate, un reducido cuarto de aseo integrado por una “placa turca” con su correspondiente cisterna “Casa Juana” y un minúsculo lavamanos.

Casiano de cocinero en “La Cuevita” (foto cedida por la familia).

Al describir el lugar nos vienen a la memoria infinidad de recuerdos en formato sonoro: coplas, cantares y destellos de sonidos que aún vagan por el entorno de aquella cueva. El crujir de la llave de la barrica y el gotear del vino al precipitarse en los sedientos recipientes, carcajadas espontáneas que surgen tras algún comentario o cuento, o el susurro de voces, conversaciones que discurren sobre los más variados temas. Y, cómo no, el jolgorio que se desborda de una improvisada parranda en medio de la quietud de la noche y que asciende hasta la carretera y el cercano puente para, a continuación, sobrevolar el barranco y chocar con la Ladera de Tamaide haciendo participe –de semejante rebumbio– al mismísimo Mencey Bencomo que, plácidamente, descansaba en su confortable y vistosa cueva del barranco El Pino o del Pinito.

Todos estos detalles podrían definir a "La Cuevita" como un reducto de canariedad donde se afianzaba el sentimiento de pertenencia a una comunidad con identidad propia. Lugar en el que sentirse a resguardo de la pérdida paulatina de nuestras raíces como consecuencia de la implantación del monocultivo del turismo y la incipiente globalización que comenzaba a dejarse sentir en manifestaciones, de tanto arraigo, como el folclore musical. Este (salvo excepciones), irá experimentando una degradación como seña de identidad y orgullo entre la población de las diferentes islas –con sus particulares géneros, instrumentos y vestuario que las identifican– hasta llegar a transformarse en un folclorismo de reclamo turístico o de "pandereta"; que es lo que ocurre con el folclore cuando se domestica para agradar a los visitantes extranjeros, perdiendo la verdadera esencia de espontaneidad, fuerza y viveza que nacen de las entrañas del sentimiento y las experiencias vividas.

Manuel Salazar Hernández al exterior de su venta frente a "La Cuevita". Preparando las barricas para encerrar el mosto de la nueva cosecha (foto cedida por Manuel Salazar Benítez).

En la misma línea argumental, el hecho de que por esa época de transición el vino en las bodegas deje de despacharse directamente de la barrica para servirse en botellas individuales que hay que descorchar (argumentando razones sanitarias, de fiscalidad, posibles fraudes...), influirá, de manera inconsciente, en el cambio del concepto y actitud entre comunidad e individualismo; un factor psicológico que, poco a poco, irá haciendo mella en el comportamiento y manera de ser de la sociedad canaria.

En "La Cuevita", el calor humano lo aportaba una diversidad de personas de diferente sexo, credo, condición social; gente mayor y otros que, sin ser de campo, ni tan mayores, sí eran amantes de la belleza de lo sencillo, de lo rústico, de lo primario, de la música como eje de unión: en definitiva, de ganas de pasar un buen rato y "echar unas perras de vino", templar las cuerdas, y participar del variado repertorio de cantares de Casiano y compañía.

De vez en cuando nos sorprendía la inesperada visita de algún amigo como, en este caso, la de Alberto Delgado Prieto –un excelente músico y antiguo componente de Los Sabandeños– que, desplazado con su guitarra desde la capital santacrucera, compartía sus canciones en aquel ambiente especial. ¡Esa era la esencia de "La Cuevita"! Sin mostrador que separara al bodeguero del cliente Casiano siempre era el puntal con su buen trato, sencillez, calma y nobleza. Sin embargo, no reparaba en subir el tono de su voz de trueno y mostrar su presencia para apaciguar cualquier brote de un posible pleito que se presentara. Para definir la situación vivida ante el mal talante de personajes incómodos y conflictivos, solía utilizar la expresión: *¡Prefiero más un saco pulgas!*

En muchas ocasiones se establecía una relación entre la clientela y el bodeguero que rozaba la autogestión, llegándose a crear una relativa armonía que daba la sensación de estar entre una gran familia donde se respiraba libertad.

Pero, a su vez, "La Cuevita" estaba envuelta en una cierta atmósfera de clandestinidad de la que Casiano, como persona liberal, de izquierdas, republicano y tolerante, también era participe. Muestras de lo dicho se pueden apreciar en la temática de algunas de las canciones que figuran en el capítulo de su Cancionero, como es el caso de la malagueña nº 7, la jotilla nº 6 o las folías nº 14, 15 y 16.

En los prolongados ratos de tertulia que se formaban en el interior de aquel pequeño recinto, se podía percibir el sentimiento y los efectos del trauma psicológico heredado de una etapa anterior marcada por la oscuridad y el acecho constante del "aguilucho patrio" que revoloteaba con sus amenazantes garras opresoras. Un periodo en el que imperaba la represión y la falta de libertades impuesta por la dictadura franquista que, aún por aquel entonces, se dejaba sentir dando sus últimos coletazos (cual rabo de lagarto que continúa zarzaleando un tiempo después de ser amputado), inclusive tras la llegada de la democracia en 1977.

Muchas historias, vividas por sus propios narradores, se contaron allí acerca de la guerra civil española de 1936, y de las calamidades ocurridas durante y después de aquella pesadilla que enfrentó a hermanos contra hermanos. Secuelas como el miedo, la falta de trabajo, de alimentos, el hambre..., indujeron –entre otras cosas– a rencores, a la separación de familias o a la emigración como recurso para poder seguir sobreviviendo.

Maestro y aprendiz (Casiano y Sixto). Barroso, La Orotava, 1983 (archivo del autor).

No sé qué más podemos decir de Casiano que no se haya dicho ya en los escritos expuestos con antelación. En síntesis, podríamos decir de él que fue una persona que pese o, tal vez, gracias a que su única escuela fue la vida, tenía unos conocimientos innatos que le permitían abordar cualquier tema que se tratara; lo que unido a su buena memoria, lo convertían en un mundo de descubrimientos y fuente inagotable de coplas y canciones heredadas de sus mayores, cuyo patrimonio supo incrementar y transmitir.

La alegría de vivir la manifestaba, principalmente, a través de la música y el canto, lo que le ayudaba a sobreponerse de todas las penalidades vividas a lo largo de su vida. Un siglo XX convulso que forjó gente dura como la tea y, sin embargo, de gran corazón; puesto que a pesar de ello, consiguió reverdecer como los pinos canarios tras el incendio. Ante todo lo dicho, no resulta descabellado considerar el "tándem" Casiano y "La Cuevita" como un claro referente del sentimiento de canariedad, cargado de orgullo y valores que parecían marchitarse con el paso de los años. Un sentimiento que expresó, muy sutilmente, el amigo "Pipe" en su artículo periodístico de 24/04/1984 *Cuando un amigo se va*... En él realiza un juego con la simbología que representa el *nido* que descubre, los colores que describe (*blanco, azul y amarillo*) –colores que identifican a la que fuera desterrada bandera canaria– y la esperanzadora vida que veía surgir del interior de aquel frágil cobijo.

Casiano: sencillez, calma y nobleza (foto cedida por la familia).

Mi primer encuentro con Casiano se remonta al mes de abril de 1975 y, como si fuera cosa del destino, sin esperarlo me crucé en su vida para recoger el testigo en la carrera de relevos que supone la transmisión de la historia oral; un relevo indispensable para que hoy podamos ser partícipes de su legado, no solo a través de la lectura, sino del sonido de otros tiempos. Por aquel entonces contaba con 17 años y cursaba estudios en el antiguo Instituto de Bachillerato Mixto de La Torrita ("Villalba Hervás"), que muchos años más tarde cambiaría de local a su nueva sede de Carmenatis, compaginando su labor docente, en la actualidad, con el "Rafael Arozarena" en homenaje al poeta, novelista y Premio Canarias de Literatura en 1988.

El hecho que propició aquel encuentro con el entorno de "La Cuevita" fue una excavación arqueológica que se realizaba en un yacimiento guanche localizado en el barranco de la Arena, a muy poca distancia del local regentado por Casiano. En dicha intervención participaba (de aprendiz) junto al amigo y compañero de estudios Daniel Fernández Galván, lo que nos permitió poner en práctica las inquietudes que veníamos desarrollando como integrantes de la Asociación Juvenil Tauro. Todo ello bajo la dirección del profesor e investigador de la Universidad de La Laguna –y también villero– Manuel J. Lorenzo Perera, recientemente galardonado con el Premio Canarias de Cultura Popular 2022.

En primer plano el antiguo Instituto de Enseñanza Media (Sección Delegada). Fundado en 1968, conseguirá su independencia en 1975. La Torrita, La Orotava (foto cedida por José Luis Sánchez).

Era allí, en "La Cuevita", donde solíamos recalar al término de la jornada para acicalarnos un poco y reponer energías con los preparados gastronómicos que elaboraba Casiano. Fue así como, poco a poco, se entabló una amistad que perduraría hasta el día de su inoportuna despedida en marzo de 1984. Meses más tarde, en diciembre de ese mismo año, también nos abandona –a la edad de 71 años– mi padre biológico Manuel Sánchez Rodríguez, del que a su vez aprendí una serie de valores como el apego a la tierra canaria y a sus tradiciones, el respeto a las personas y a las cosas, la amistad, la generosidad... Recuerdo una frase suya que tal vez hoy pueda parecer carente de significado debido al cambio de mentalidad experimentado en la apreciación de lo que realmente es importante para la supervivencia: *La tierra es lo último que se vende*, dando a entender su valor como fuente de alimento a la que se puede recurrir en caso de extrema necesidad; una interpretación que se deja a libre criterio de cada cual. También de él aprendí cantares tradicionales como estas coplas de polka que reproducimos a modo de anécdota:

Una vieja muy revieja,
más vieja que el santo Antón,
se echaba una teta al hombro
y le arrastraba el pezón.

A la vieja revejuda
de lejos se le saluda,
pues cuando se tira un pedo
al mismo tiempo estornuda.

En sintonía con la reflexión anterior sobre la importancia de proteger la tierra, contamos también con el dicho de un conocido personaje de La Orotava, Maestro Julián "siete oficios", quien haciendo gala de su sabiduría popular decía: *Quiten fincas y planten casas, y mañana van a comer mierda.*

Las vivencias de aquellos años marcarían los primeros pasos en el desarrollo de mis dos grandes inquietudes, influyendo de manera determinante en mi futura trayectoria profesional: el conocimiento

Maestro Julián "siete oficios" al exterior de la venta de la panadería de Dña. Matilde Lima ("la viuda Perera"). Calle La Hoya, La Orotava (archivo del autor).

del periodo histórico anterior a la conquista de las islas y los posteriores usos y costumbres surgidos de la mezcla entre dos sociedades: la guanche y la europea. Será por entonces cuando surja la idea y el interés por realizar una recopilación del cancionero y vivencias que allí en "La Cuevita" se sucedían, teniendo como protagonista principal a Casiano.

TESTIMONIOS ETNOGRÁFICOS

Fruto de aquellas tertulias cotidianas que se prodigaban en "La Cuevita" sobre diferentes aspectos del pasado: anécdotas, creencias, leyendas sobre los guanches, supersticiones, aprensión o reparos sobre ciertas cosas, etc., surgió la grabación de una serie de cuentos que se incluyen en la web de acceso a audios (A.A.) que acompaña a esta edición. En ella se pueden escuchar –en voz de sus personajes–, relatos con infinidad de detalles como expresiones, términos en desuso, pautas de comportamiento, trato social... que nos transportan a otros tiempos con otra manera de ver y entender la vida; dándonos una pequeña muestra del Patrimonio costumbrista que representaba aquel lugar.

Fiel testimonio de un pasado no tan lejano. Los Gómez, La Orotava (foto cedida por Toño Sánchez).

CUENTOS

1. LA OVEJA MUERTA (Grabación 3)

Narrador: Modesto Castillo. Fecha: abril de 1983. Lugar: "La Cuevita".

«–¿Tú no sabes lo que me hicieron a mí, ese, cho Juan "Cizaña"?:

Se me murió una oveja, [...] ¡Eso sí me jodió a mí! Se me murió una oveja un domingo por la mañana y ¡ah! cuando llegaron las doce del día yo le estaba cogiendo de comer a los animales. Llegan las doce del día... ¡Y era tan fuerte el sol! La espichaba con un tallo de platanera –que ya se los "bían" comido ellos la hoja y quedaba el tallo–. La espichaba y se llevaba el cuero [...] ¡De lo caliente que estaba del sol! Y yo le dije a mi mujer:

–Voy a llegarme allá abajo a cas señor Pepe a decirle que la oveja se murió, pues si la entierro dirá: ¡Coño! No me pasaste ni el recado "pa" yo saberlo.

Fui allá abajo y le dije, digo...

–La oveja se murió.

Dijo:

–Mira, échale lo que te parezca encima y hoy como es domingo no estés abriendo el hoyo y enterrándola y mañana por la mañana (estaba trabajando yo con él), mañana por la mañana antes de ir al trabajo coges, abres un hoyo allí "onde" te parezca y la entierras.

Bueno... Pero subo "parriba" y me encuentro con Basilio "Panasco", Federico Alayón y Juan "Cizaña", que estaban echándose la mañana cas de... A cas de... ¡Ya estaban, ya estaban medios cargados! A cas de Juan "el Vividor". Juan "el Vividor" en ese tiempo no vendía allí más que caña, y otras bebidas, pero blancas; vino no vendía allí. Y yo "bía" acabado de salir de echarme una cuarta vino de a cas de... por allá de la... de a cas de Lola. A mí me gustaba mucho ir a cas de Lola, [...] A mí me gustaba ir allí porque yo hablaba siempre con "Lemensio" [Nemesio] y, "Lemensio" siempre... ("Lemensio" era concuño, esto... Cuñado). ¡Bueno "pos"!... Salgo de allí y me dice (yo no sé si fue Basilio "Panasco") que si tenía yerba la ladera o yo no sé lo que me dijo.

Digo:

–Yerba sí tengo, pero ahora mismo no puedo ir a cogerla, porque ahora mismo voy hacer un hoyo, que voy a enterrar a una oveja.

Y me dice:

–¡Una oveja!

Digo:

–Sí, se me murió ahora mismo. Vengo de a cas señor Pepe de dar parte. Se me murió, yo no sé si fue de empajada o la puñeta. Se me murió.

–¿Y la vas a enterrar?

Digo:

–Sí, ahora desde que llegue allá arriba.

–¡Chacho!... ¿Qué la vas a enterrar muchacho? -dijo-. Nosotros, ¡coño!, la "escueramos" y... y no la entierres.

Digo:

–Si me... Si me entierran ustedes lo demás, les doy la oveja, y si no se jodió ¡eh!

¡Ag! Muchacho [...]. Vienen los tres, ¡muchacho!, y se cuelgan su palo de un plantón al otro y cuelgan la oveja virada al suelo y yo dije:

–¡Me cago hasta en el mundo, granuja!

Y cuando "aparé" me, me llaman, a cabo rato me llaman (les di hasta una azada cuando se llevaron la oveja y todo "pa" que abrieran el hoyo), y les dije:

–Aquí mismo lo abren, ahí mismo.

Y me llaman, ya la tenían toda enterrada, y ya la tenían nada más que... ahí, abierta en canal y colgando. Y me llaman:

–¡Modesto!... (echaron dos o tres gritos).

–¡Diga!

–Trae un plato y llégate aquí.

(Trae un plato y llégate aquí)...

Digo:

–"Pa", "pa" qué quieren el plato ese?

–"Pa" que lleves un pedazo "pa" que tu mujer te lo arregle "pa" esta noche.

–¡Estese callado, cristiano!

Dice:

–¡Coño! Está acabante de morirse, está calentita que da gusto, si está acabante de morirse.

–¡Qué coño acabante! Si estaba desde esta mañana, pero estaba caliente del sol. ¡Oye! -les dije-. No, no oiga, cómansela y que les aproveche porque... mi mujer no, qué va, yo no quiero eso. ¡Qué no hombre! Que mi mujer ya la vio muerta y mi mujer no arregla eso en calderos "della".

–¡Coño! Es que nosotros...

Bueno pues, ¡nada!... Y completo.

Y... Oye, después me marcho "pa" bajo, "pa" cas seña "Vitoria": Domingo Marcial, este... este... el jardinero de doña, de... de allí de al lado la plaza, al lado arriba; este, Manuel "el Ramblero", Martín Facundo, Nicolás "Montalongo"... ¡Un rancho! Echamos allí un "asillo", un cinquillo allí... Que todos... Siempre jugábamos allí a la baraja los domingos a la tarde.

¡Coño!... Ya habían venido unas dos botellas de vino y le dije a Nicolás "Montalongo", digo:

–¡Coño! ¿Seña "Vitoria" no tiene almadero ahí... es que vamos a estar jugando a la baraja y bebiendo vino solo?

Dice:

–Ahora mismo está arreglando un fisco carne ahí, ahora mismo.

¡Coño! "Los" trajo aquel plato carne, amarillita, doradita, ¡coño, un plato lleno! Coño, pues empiezo a comer, pero no sabía... [...] "¡Aparate" coño! Pues si la carne estaba que divertía "pa"... "pa" uno comer.

Pero, "pos", llegó dos platos; pero no te creas que dos platos pequeños, sino dos platos "acormados" así. Yo dije:

–¡Coñohs! "Pos" no los va a costar caro este...

¡Bueno!... Cuando... pedimos la cuenta "pa" pagar todos iguales digo:

–¿Y la carne no entra...?

–¡Ahh, coño! Si la carne es de la oveja que tuuu...

¡Me cago en la madre que los parió, granujas!

¡Oye!... Mira, mira, mira, mira, mira. Mi mujer cuando al otro día –porque yo esa noche no le dije nada–, pero al otro día estaba almorzando y me dice mi mujer:

–¿De qué te estas acordando?

–¿De qué me estoy acordando...? A mí se me muere un animal, pero si puedo me aprovecho... Me aprovecho lo que pueda.

–¿Por qué?

–¿Por qué...? ¿Tú no sabes lo que me pasó anoche cas seña "Vitoria"?... Pedimos un "porco" de almadero y trajeron dos platos de carne que aquello se le metía a cualquiera por los ojos. ¡Amarillita, frita! ¿Y sabes de qué era? De la oveja esa que...

–¡Muchacho! ¿"Comiste" eso?

–Pues lo comimos.

Y la oveja se murió de vieja, ¡coño!, porque no tenía dientes y no podía comer».

2. LAS VACAS EMPAJADAS (Grabación 4)

Narrador: Casiano Hernández. Fecha: abril de 1983. Lugar: "La Cuevita".

«Resulta que Juan no le había echado de comer esos días a las vacas y, por la mañana se fue a la fajana de San Pablo, abajo, a la fajana de Eloy y arrancó ¡cabezas tiernas! Y le picó nueve cabezas [...] "pa" que tuvieran "pa" todo el día. Se fajan a comer con el hambre que tenían. ¡Muchacho! De una a otra no se llevaban veinte minutos. ¡Gordas como mulas! Y claro, los que estábamos por aquí más cerca "los" llamaron [...] "pa" abrir el hoyo y enterrarlas.

Estaba Lucio, yo, Telesforo, ¡un montón "dellos"! [...] Abrieron el hoyo. Hicimos un hoyo que daba miedo, "pa" las vacas... Y Laureano vino a quitarle el cuero... y [...] Regalado como sabía que a Laureano le gustaba la carne esa, ¡uhs! Dice:

–Esta carne ahora hay que enterrarla, yo traigo... unos litros de petróleo y las riego porque esta carne no se puede comer.

Dice Laureano:

–¡¿Quién no come carne "desta"?!

Corta un cacho y se lo echa a la boca crudo, el cabrón, y empieza a chascar [...] ¡Cruda! ¡Coño! Pues, ¿tú crees? Allí no se enterró "na" más que los tobillos de las vacas y los cuernos.

¡La gente de ese Rincón, "muchá", yo no sé por dónde coño se la "golieron"... La desaparecieron toda! Allí no se enterró, no se enterró nada más que el mondongo, las cabezas [...] ¡Y yo, coño, tan rebenque y Lucio que estábamos y no cogimos un pedazo! [...] ¡No cogimos ni uno, que aquello no tenía nada [...] ni fiebre, pues esas se murieron sin fiebre ni nada! [...] Pero no, es que, coño, de tolete porque yo veía que estaba [...] pero no me ocurrió cogerlo, porque si no, cojo un cacho y también lo traigo, ¡mira qué coño! ¿No la voy a traer? [...] Eso hace cincuenta años por lo menos».

3. LA NEGRITA (Grabación 5)

Narrador: Casiano Hernández. Fecha: abril de 1983. Lugar: "La Cuevita".

«Cuando la bruma entra por "La Negrita", así "pa" bajo, ese día llueve.

Me acuerdo un día estábamos allí subiendo arena por [...] la finca de ustedes "parriba", "pa" los canales aquellos, ¡y había una seca del carajo! Y un día sol.

Yo creo que Salazar estaba allí, estábamos llenando los sacos [...].

–¡Si no fuera el sol que hace, decía, coño, llovía! [...].

El sol que rajaba las piedras...

Dice:

–"Pos" mira "parriba" por donde está entrando la bruma... ¡Si no fuera el sol que hace llovía ¡coño!

"Pos" ¿tú crees que llovió por la tarde?... Y nos "mojemos". Se prepara un tiempillo ahí debajo ¡muchacho!... Pero en un "lintre" [ínterin] ya estaba aquí, por la tarde.

Pero esa es segura, segura, ¡coño! Si entra así "patrás" [...] y se cuela por allí, agua segura [...].

"La Negrita" es aquí enfrente "parriba", la cumbre [...].

¡Lo que sé aquel viejo me jodió!».

4. MAÑANAS DE SAN JUAN (Grabación 6)

Narrador: Casiano Hernández. Fecha: abril de 1983. Lugar: "La Cuevita".

«El padre de señó Domingo "Dios", que las mañanas de San Juan tenía él sus vainas, ¿no? Como todos los viejos tenían las mañanas de San Juan, tenía sus cosas. Y tenía una laja allí, por fuera en el patio y hacía doce "montonitos" de sal, ¿no? Y... Y después por la mañana el que estaba esborrachado [...] esa noche por el sereno, era de agua ese mes.

¿Pero qué hace el hijo de cho Domingo?: Se levanta por la mañana y ... y le mea todos... Los esgorrifó todos.

Cuando [Cho Domingo] vio aquello dijo:

–¡Za por Dios! Ni "pa" trillar los dos granitos de trigo este año, ¡eh! Todo el año lloviendo [...].

Se los esgorrifó todos, ¡za por Dios, ni "pa" trillar los dos granitos de trigo este año! [...] Ellos tenían sus vainas ahí, qué sé yo...».

5. PUÑITOS DE TIERRA (Grabación 7)

Narrador: Anónimo. Fecha: abril de 1983. Lugar: "La Cuevita".

«Hay otras [mujeres] que dicen que también que echan... Según el tiempo ¿no? Miran el tiempo y... Y bueno [...]. Hay viejas "desas", o señores también [...] ¡O viejas! Ha oído yo el cuento –yo no lo ha visto–, que cogen la tierra... Y empiezan... Un puñado tierra ¿no? En la mano y empiezan a echarla y "pande"... Saben ya "pa" dónde está o viene el tiempo; –o yo qué sé– "pa" "onde" toca ya dice. Pues, bueno pues ya está de tal sitio, [el tiempo] metido. [...] Cuando la empiezan a echar –la tierra así- [...] . Yo he oído eso.»

EL COMIENZO DEL FINAL DEL OSCURANTISMO

A raíz del proceso de transición hacia la democracia, tras la muerte de F. Franco en 1975, se irán despertando toda una serie de iniciativas que habían quedado dormidas y truncadas con el golpe de Estado del año 1936 que acabó con los avances sociales conseguidos durante la II República. En Canarias, este despertar se manifiesta en una corriente cultural e ideológica que tendrá en el folclore un aliado de suma importancia. Un ejemplo de ello lo encontramos en la edición del disco de los Sabandeños *La Cantata del Mencey Loco*, la cual *representó toda una revolución cultural y social en las Islas, al ofrecer un referente de marcado talante ideológico en una época de auto-reconocimiento de pertenencia a una realidad socio-histórica diferenciada*[12]. Esta composición del grupo tinerfeño, estará inmersa en una corriente de música popular de marcado carácter reivindicativo que se generaba, por entonces, en una gran parte del planeta; teniendo como caso más evidente a Iberoamérica con la Nueva Canción Chilena, el grupo Quilapayún y su obra *La Cantata de Santa María de Iquique* (1970).

En el Archipiélago, esta corriente musical denominada "Movimiento de la Nueva Canción Popular Canaria" estará representada, entre otros, por cantantes como Manuel Luis Medina "El Minuto", Juan Carlos "Caco" Senante, Pepe Paco, Suso Junco, o grupos como "Taburiente" y, con posterioridad, "Taller Canario".

En La Orotava, un pueblo históricamente distinguido por sus variadas inquietudes culturales, deportivas, folclóricas..., toda esta nueva corriente de creatividad se traduce en un impulso de ilusión que se

---

[12] VV.AA. (2001) *La Gran Antología de la Música Popular Canaria*. Centro de la Cultura Popular Canaria. p. 20.

verá reflejado en la aparición de movimientos sociales y colectivos de participación ciudadana que derivan sus aspiraciones hacia diversos campos de actuación. Ya con anterioridad, como iniciativa pionera en el aprendizaje para la democracia, habría que destacar la labor ejercida por el Cine Club Orotava fundado en 1965 que, tras un largo y fructífero recorrido a través del séptimo arte, consiguió abrir las mentes y diversificar el pensamiento único establecido por la dictadura franquista. En 1973 se produce un cambio generacional en la directiva del Cine Club que vendrá acompañado de un nuevo enfoque ideológico más radical y comprometido. Esto deriva poco después, el 2 de enero de 1974, en el cese definitivo y clausura de este ilusionante proyecto mediante orden dictada por las autoridades competentes en la materia[13].

Solo por citar algunos de estos nuevos colectivos veremos cómo para la integración de la juventud surge en 1973 la Asociación Juvenil Tauro, para el estudio y divulgación de la Historia y Tradiciones Canarias, el Colectivo Cultural Valle de Taoro, o la Asociación Cultural Valle de La Orotava; en cuanto a la defensa de la naturaleza, el Movimiento Ecologista del Valle de La Orotava (MEVO) y la Coordinadora Popular en Defensa de "El Rincón". En su dedicación a la enseñanza y divulgación del folclore, el tradicional Grupo de Coros y Danzas (aunque con aires renovados, ya que en su origen pertenecía a "la Sección Femenina de F.E.T y de las J.O.N.S").

Recogida de material. Una de las actuaciones de carácter social llevadas a cabo por la A. J. Tauro en coordinación con otras AA. JJ. de Canarias. (foto del autor).

[13] VV. AA. (2000) *Cine Club Orotava. Una mirada a su historia*. Ayuntamiento de La Orotava. ISBN: 84-922345-2-0.

Manifestación en defensa de El Rincón, La Orotava, 1986. Aún hoy, la Coordinadora Popular continúa en la lucha por preservar la riqueza agrícola y paisajística de El Valle (foto cedida por José Luis Sánchez).

En este contexto de efervescencia sociocultural es donde se enmarca uno de los proyectos más ambiciosos planteados por aquel entonces: la recuperación del Baile de Magos Popular. Una vieja aspiración -la de restablecer las tradiciones en su justa medida-, demandada por gran parte del pueblo que no consideraba justo que de ese acto solo pudiera participar un grupo reducido de personas, mientras el resto tenía que conformarse con una simple verbena de compensación a celebrar -esa misma noche- en la Plaza del Ayuntamiento (denominada, por aquella época, "del Generalísimo Franco"), organizada por el Consistorio municipal.

Desde el punto de vista del rescate de tradiciones, el Baile de Magos se concibe como un festejo popular de carácter folclórico que hunde sus raíces en los actos que se celebraban, tradicionalmente, el 15 de mayo en honor de San Isidro, patrón de los labradores. La antigüedad de esta festividad a San Isidro y su compañera Santa María de la Cabeza, parece remontarse a la segunda mitad del siglo XVII, una época en la que se consolidan los grupos sociales dominantes y la configuración urbana del núcleo poblacional que comenzó a gestarse en 1506 -diez años después de concluida la conquista castellana sobre la población guanche–. En 1648 bajo el reinado de Felipe IV le es otorgado a La Orotava el título oficial de Villa, un hecho que refuerza aún más el prestigio del asentamiento villero. Estas festividades se desarrollaban, por entonces, al norte de las afueras de la Villa teniendo como puntos de referencia el Calvario (al oeste) –concebido como humilladero o sitio con una cruz que señala la entrada a los pueblos–, y al este el Quiquirá, lugar donde se encontraba una vieja ermita con culto a la Virgen de Chiquinquirá, nombre al que se le atribuye un origen indiano (1586), puesto que es patrona de Colombia y Maracaibo[14]. Las diferentes variantes del topónimo, nombre de la ermita y santa: Chinquirá (lugar), Quinquiquirá (ermita), etc[15]; así como la cercanía a una zona de conocida ocupación habitacional aborigen (Bco. de la Arena, Las Cuevas, Tamaide, etc.), nos plantea el dilema de si no será esta palabra –de posible procedencia bereber– la que es introducida en Iberoamérica por los guanches que participaron, junto a los castellanos, en la conquista de aquellas tierras; tal como queda acreditado en diversos estudios y documentos[16]. El origen del culto a esta virgen le viene de su papel como mediadora en la integración colonial y la paz, desempeño que, con anterioridad, pudo haber ejercido en la colonización del antiguo menceyato de Taoro.

Vista del Valle de La Orotava desde los altos de Tamaide (Postal Gigante nº 8. Edición de Distribuidora Editorial Canaria. Archivo del autor).

[14] Hernández González, Manuel y Hernández Gutiérrez, A. Sebastián. (1995) *Guía histórico-artística de La Orotava.* Ayuntamiento de La Orotava. p. 13. DL TF 781/1993.

[15] Navarro Artiles; Francisco. *TEBERITE, diccionario de la lengua aborigen canaria.* Edirca s.l. p. 217. ISBN:84-85438-20-5 .

[16] García-Talavera Casañas. (2021) *Macaronesia. Naturaleza, historia y leyendas.* Editorial Kinnamon. S/C de Tenerife. p. 197. ISBN: 978-84-16431-46-5.

Los actos festivos a celebrar han ido cambiando con el paso de los siglos, pero en esencia consistirían en la asistencia del campesinado –principalmente labradores con sus ganados– al ritual de la misa y bendición de los animales, así como al posterior traslado en procesión durante la cual, posiblemente, se ejecutaran muestras de danzas o bailes según usos y costumbres de la época. Toda esta sucesión de acontecimientos daría lugar al germen del que surja el Baile de Magos Popular. A partir de mediados del XIX se producen nuevas variantes e incorporaciones en los festejos, como la confección de alfombras en las calles (1847) y, con posterioridad (1906) en la Plaza del Ayuntamiento. Se traslada la festividad de San Isidro al mes de junio después de la celebración de la Octava del Corpus Cristi, y los actos festivos comienzan a ser controlados por la aristocracia de la Villa con la complicidad de la Iglesia. Lo que en un principio fue una fiesta de origen campesino y popular será secuestrada, primeramente por el estamento social antes mencionado y luego por una burguesía urbana que

Romería de La Orotava (primera mitad del siglo XX). Grupo folclórico y danza de las cintas al son de tambor y flauta ante el patrón S. Isidro (foto: Hermann Allers. Archivo del autor).

Romería de La Orotava (primera mitad del siglo XX).Multitud de vecinos acompañando a los santos patrones (foto: Hermann Allers. Archivo del autor).

intentará perpetuar las anteriores pautas clasistas. El baile de magos pasará a celebrarse en una sociedad privada como era el Casino y, tras la guerra civil se traslada a la Sociedad Liceo de Taoro, quien a su vez tiene la competencia de organizar la romería desde el año 1936[17].

Ante este panorama y el sentimiento de marginación de gran parte del pueblo, es como surge el movimiento reivindicativo que exigirá su participación en los festejos populares tradicionales; un acto donde los verdaderos protagonistas de la historia pasaron a un segundo plano. Esta demanda se canalizaría a través de la actuación conjunta de una serie de grupos como la A. J. Tauro, Coros y Danzas, AA.VV., que demostraron una gran capacidad de trabajo, entusiasmo e ilusión por devolverle al pueblo el protagonismo que una vez le fue arrebatado. El 28 de mayo de 1976 el Ayuntamiento de La Orotava, mediante respuesta a la solicitud para la celebración de un Baile de Magos Popular a celebrar el día 25 de junio, informa favorablemente sobre el citado acto popular. Sería incalculable el número de personas que se podrían nombrar como los verdaderos impulsores y colaboradores que hicieron posible la realización de este evento que desbordó todas las expectativas. No solo fue la celebración del baile en sí mismo amenizado con música canaria, sino todo el jolgorio que giró en torno a él, impulsado por la presencia de ventorrillos a la vieja usanza, con comida tradicional y, cómo no, acompañada de un buen vino del país y una decoración a juego donde, para participar de todo ello, el único requisito exigido era una vestimenta mínimamente acorde a la ocasión. Una experiencia que pudimos vivir en primera persona como un currante más y cuyo proceso daría para escribir un monográfico, ya que marcará un antes y un después en el desarrollo de las famosas fiestas de la Villa, al convertirse este evento en uno de sus mayores atractivos. Tal es así que su ejemplo será imitado en las fiestas populares de otras localidades. En la actualidad el Liceo de Taoro, tras un largo proceso de democratización, abre sus puertas a los nuevos tiempos donde se hace compatible su tradicional baile de magos, con el recuperado Festejo Popular.

---

[17] Galván Tudela, Alberto. (1987) *Las Fiestas Populares Canarias.* Ediciones Canarias S.A. pp. 175-176. ISBN: 84-86733-04-9.

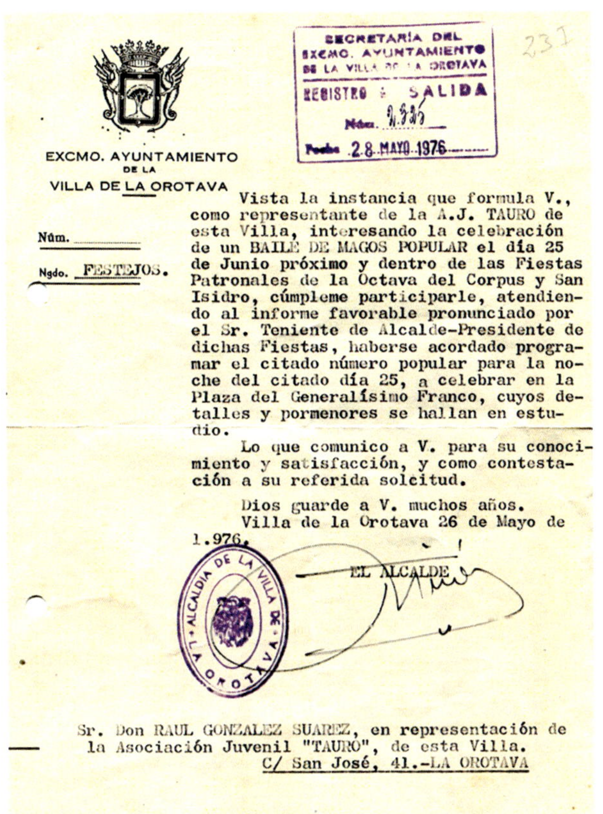

SECRETARÍA DEL EXCMO. AYUNTAMIENTO DE LA VILLA DE LA OROTAVA
REGISTRO DE SALIDA
Núm. 2.335
Fecha 28 MAYO 1976

EXCMO. AYUNTAMIENTO DE LA VILLA DE LA OROTAVA

Núm. ______

Ngdo. FESTEJOS.

Vista la instancia que formula V., como representante de la A.J. TAURO de esta Villa, interesando la celebración de un BAILE DE MAGOS POPULAR el día 25 de Junio próximo y dentro de las Fiestas Patronales de la Octava del Corpus y San Isidro, cúmpleme participarle, atendiendo al informe favorable pronunciado por el Sr. Teniente de Alcalde-Presidente de dichas Fiestas, haberse acordado programar el citado número popular para la noche del citado día 25, a celebrar en la Plaza del Generalísimo Franco, cuyos detalles y pormenores se hallan en estudio.

Lo que comunico a V. para su conocimiento y satisfacción, y como contestación a su referida solcitud.

Dios guarde a V. muchos años.
Villa de la Orotava 26 de Mayo de 1.976.

EL ALCALDE

ALCALDÍA DE LA VILLA DE LA OROTAVA

Sr. Don RAUL GONZALEZ SUAREZ, en representación de la Asociación Juvenil "TAURO", de esta Villa.
C/ San José, 41.-LA OROTAVA

Documento original del Ayto. de La Orotava, por el que se autoriza la celebración del primer Baile de Magos Popular. (Archivo Documental de la A. J. Tauro).

Folleto anunciador del primer Baile de Magos Popular (Archivo Documental de la A. J. Tauro).

En otro orden de cosas, pero continuando con las reivindicaciones de la tradición folclórica, expondremos nuestra experiencia en la reivindicación e impulso por incorporar y hacer visible, en los actos populares, la diversidad de géneros contemplados en el folclore musical –considerado marginal– como es el caso del "folclore de tambor"; una manifestación popular que se asocia con las raíces y herencia de la antigua población guanche que pervivió tras la conquista. De esta forma se intenta generar una conciencia de unión entre las diversas islas e identidades para formar un frente común que nos identifique como "Isleños" de la Macaronesia. En este sentido, así fue como en 1979 surgió la idea entre un grupo de compañeros –la mayoría integrantes del grupo de Coros y Danzas de La Orotava–, de participar con este criterio en la romería de San Isidro y, años más tarde en la "subida" del Santo. Este acto, a celebrar la tarde-noche anterior al día de la romería, consiste en una procesión en la que intervienen elementos costumbristas como la hermandad de labradores y grupos folclóricos, mediante la cual se trasladan las imágenes de los santos patronos desde su ermita del Calvario hasta la iglesia parroquial de la Concepción, en lo que podría denominarse una pequeña e íntima romería integrada, en su mayoría, por personas del municipio. En estas manifestaciones populares interpretábamos piezas musicales como diversos tajarastes, haciendo uso de los instrumentos característicos: tambores, flautas, chácaras, bucios, etc. A partir de entonces, y con el paso del tiempo, surgirá un movimiento espontaneo con un incremento de personas, que llegará a ser conocido como "La Guanchería"; el cual, posteriormente, dará origen a un grupo folclórico que mantiene la esencia de la idea inicial, al igual que lo hiciera el Colectivo "La Escalera". Con esta iniciativa se contribuyó a involucrar en el folclore a personas que, hasta entonces, no se sentían participes de las tradicionales parrandas con predominio de instrumentos de cuerda; dando cabida, de esta manera, a la integración ciudadana en los cantos, bailes y la interpretación de instrumentos menos sofisticados. Una consecuencia de este movimiento musical fue la revitalización –debido a su creciente demanda– de la artesanía ligada a la elaboración de instrumentos musicales, principalmente de percusión. Solo por citar algunos ejemplos, nos encontramos con los tambores de Benjamín González Acevedo (El Palmar, Buenavista del Norte, Tenerife); así como con las chácaras, pitos y tambores de Eloy Quintero Morales, Ambrosio Padrón Quintero, Juan Padrón Pérez y Dámaso Padrón Hernández, todos ellos amigos de El Pinar y Sabinosa, en la isla de El Hierro.

Romería de La Orotava, 1979. Ese año se comienza a reivindicar el folclore "marginal" (foto cedida por Alfonso Trujillo Rodríguez).

Al amparo de este movimiento reivindicativo de usos y costumbres, surge también la búsqueda en la diversidad de la rica y variada vestimenta tradicional de los diferentes pueblos de las islas; una propuesta de la que ya era pionero, en su estudio y documentación, el afamado artesano textil y artista Juan de la Cruz. Poco a poco se va consiguiendo romper con la uniformidad establecida por el supuesto "traje típico" de La Orotava, ampliándose así el abanico de la oferta artesanal que gira en torno a esta rama de la tejeduría y accesorios. En este sentido habría que destacar la aceptación social de actos y demostraciones de nuestra Cultura Popular como el "Día de las Tradiciones Canarias", la Feria de Artesanía de Pinolere y la publicación de "El Pajar, Cuaderno de Etnografía Canaria".

En todo este contexto reivindicativo es donde, a su vez, podríamos enmarcar este trabajo en memoria de un hombre de campo como fue Casiano Hernández Luis; un referente por su ejemplo de lucha por la vida, transmisor de la tradición, impulsor del folclore musical y del sentimiento de canariedad.

La tradición se expande: "Subida del Santo" de 1985, La Orotava (Foto Genovés. Archivo del autor).

Romería de La Orotava en 1987. Con el paso de los años la vieja reivindicación va tomando fuerza (foto: José Manuel Lima. Archivo del autor).

EL LEGADO MUSICAL

En este apartado mostraremos todo el legado folclórico-musical que, a través de casi una década (1975-1984), fuimos recogiendo del interminable caudal de coplas y canciones que atesoraba Casiano en su memoria y del cual es protagonista en su interpretación. Esta recopilación carece de una metodología académica, ya que se llevó a cabo mediante anotaciones realizadas a mano, memorización de las letras, así como de grabaciones en audio y su posterior transcripción, en una época carente de tantos adelantos técnicos como los que se pueden encontrar en la actualidad.

El cancionero que tuvimos la oportunidad de rescatar (y al cual nos hemos estado refiriendo con la abreviatura C.C.), es amplio y variado, ya que representa el resultado de sus vivencias a lo largo de su vida. Su aprendizaje en el mundo del folclore comienza desde joven a través del contacto con su familia, de la que recogerá toda una herencia de coplas y canciones ligadas a la tradición. Su entorno geográfico más inmediato será también otra fuente de la que se nutre. En este sentido habría que destacar la celebración de fiestas populares de barrio en las que la participación de parrandas improvisadas constituía uno de sus principales atractivos, puesto que en ellas se solían producir los acostumbrados piques entre cantadores de diferentes zonas, en los que primaba la interpretación y la novedad de las letras. Lo mismo sucedía, pero a mayor escala, en las fiestas de ámbito insular como La Candelaria, San Benito, San Isidro, etc., donde las parrandas de los pueblos que concurrían se daban a conocer rivalizando y presumiendo de su particular folclore con sus mejores tocadores y cantadores. Una tradición cuya esencia se supo trasmitir a través del popular y longevo programa musical de TVE Canarias "Tenderete", iniciado en 1971 bajo la mirada atenta del inolvidable Fernando Díaz Cutillas (Nanino).

Parrandas y grupos folclóricos, mujeres y hombres que han sabido transmitir la herencia de sus mayores engrosando el rico y variado patrimonio musical de Canarias. (almanaque del Banco Bilbao, 1947. Archivo del autor).

A todo ello habrá que añadirle las circunstancias derivadas de su largo periodo en el servicio militar en La Laguna y su marcha a la península ibérica para participar en la guerra civil; hechos que propician el intercambio cultural entre personas de diferentes comunidades del país. A esto se le suma el tiempo de recuperación que pasó en el Sanatorio de Las Cañadas del Teide, durante el cual dispondría de las condiciones propicias de aislamiento para la reflexión, creatividad compositiva y fortalecimiento de su filosofía de vida.

En primer plano, lugar próximo al emplazamiento del desaparecido Sanatorio de Las Cañadas (Postal, Ediciones Gasteiz. 3566. D. Legal B. 1.996 XIII. Archivo del autor).

Otras fuentes que intervienen en el incremento del repertorio musical de Casiano provienen de los medios de comunicación más comunes de la época, tanto en formato impreso (prensa, cromos, libros), como radiofónico (programas de carácter costumbrista, momentos musicales...) o la discografía que se editaba por aquel entonces. En este sentido tenemos que destacar el papel que jugaron discográficas como El Canario (Discos "Canario"), con sede en Caracas (Venezuela), una iniciativa llevada a cabo por emigrantes isleños que añoraban y contribuían a fortalecer el sentimiento de amor a la "Patria Chica"; este será el caso del vecino de La Orotava Ignacio Pérez González, conocido entre sus allegados por "Infinito". Una copla anónima que aparece registrada en uno de sus LP, es la siguiente isa:

Soy canario, soy canario,
mi patria yo no la niego,
quiero vivir en Canarias
aunque me acueste en el suelo.

Portada del LP "Fiestas en La Laguna". Discos "Canario". Caracas-Venezuela (archivo del autor).

Sello discográfico de Discos "Canario". Caracas-Venezuela (archivo del autor).

Otra de las iniciativas a destacar fue la influencia ejercida, en la década de los 50, por conocidos escritores tinerfeños como Juan Pérez Delgado, "Nijota", o Diego Crosa y Costa, "Crosita", cuyas coplas se difundían por todos los rincones de las islas a través de las estampas típicas (cromos coleccionables) que acompañaban a los paquetes de cigarrillos 46 y La Lucha. En ellos se combina la presencia de una escena típica, realizada por algún pintor o fotógrafo destacado –por ejemplo Juan Davó o A. J. Benítez– con una copla canaria ya sea de isas, folías, polkas, etc.

Anverso del Cromo Serie A, Nº 30 de Cigarrillos 46, con estribillo de Nijota e ilustración de Juan Davó (archivo del autor).

46 MARCA REGISTRADA

FABRICA DE CIGARRILLOS
DE
JOSE LOPEZ LUIS
SANTA CRUZ DE TENERIFE

En esta bella colección se recogen las coplas más populares de nuestros cantos regionales, ilustradas por el pintor Juan Davó, con graciosas escenas cuyas figuras viste con los alegres y vistosos trajes típicos canarios.

Es un obsequio de puro sabor isleño de los famosos CIGARRILLOS 46.

Esta primera serie consta de 100 modelos diferentes

Serie A - Núm. 30
TENERIFE

LITO. A ROMERO S. A.-TENERIFE

Reverso del mismo cromo.

Anverso del cromo de Cigarrillos La Lucha. Foto: A. Benítez y copla de "Crosita" (archivo del autor).

Folía:
Si vas a Icod de los vinos
no te prives de beber,
que allí también se cosecha,
el más sabroso café.

LA LUCHA
Marca registrada. Gran Fabrica de Tabacos y Cigarrillos de
MANUEL LOPEZ LUIS
Suárez Guerra 59, 61, 63 y 65
Santa Cruz de Tenerife (Islas Canarias)

Esta colección consta de 50 tipos diferentes con sus 50 folías

Queda prohibido la reproduccion.
Numero de esta fotografia
19

Foto: A. Benitez. Folías de „Crosita"

Reverso del mismo cromo.

Muestras de esta influencia comunicativa en el cancionero que nos ocupa (C.C.), las podemos encontrar, por ejemplo, en el cromo de la Serie A, Nº 30, donde figura el siguiente estribillo de isa[18]:

A Matea la jija de Cho Capote
se le metió un foguete por el escote.
Juye Matea, juye, juye Matea,
mía que hasta los foguetes tienen idea[19].

También en un libro de "Nijota"[20] en el cual, aparte del anterior estribillo, también figura la canción *La Trilla* (Pérez, 1971:213; 214-215). Esta canción -si damos por válida su autoría- será remodelada por Casiano para incorporarla en la composición "Una casita chiquita" (C.C.- Jotilla 12, Grabación 17).

De los versos de "Nijota" solo mostraremos los que fueron utilizados en la nueva composición citada para, de este modo, poder contrastar los cambios realizados.

La Trilla[21]

No olvidaré, Mariquilla
-aunque cien años viviera-
los días que, jace años,
pasábamos en la era,
dando vueltas y más vueltas,
amontados en un trillo.
Tú eras una cachorrilla,
y yo era un zangalotillo.

---

[18] Ver la adaptación en C.C.- Estribillo de isa 27.

[19] Estribillo de "Nijota" en: Colección de Coplas Populares. Serie A, Nº 30. Ilustración de Juan Davó. Fábrica de cigarrillos 46- José López Luis. S/C de Tenerife. Litografía A. Romero S.A. –Tenerife.

[20] Pérez Delgado, Juan (1971) *Nijota, Verso y Prosa*. Confederación Española de Cajas de Ahorros de S/C de Tenerife. 978-84-7231-117-6.

[21] Para comparar los cambios efectuados en las coplas citadas (*La Trilla*), se pueden localizar sus homónimas en el cancionero que mostraremos a continuación: C.C.- Estribillos de isa 27 y Jotilla 12.

¡Buenas vacas pa trillar
la 'Bragada' y la 'Centella'!
No se vio en todo el Rodeo
una yunta como aquella.

(...)

¿Te acuerdas cuando yantábamos
gofio con jigos porretas,
en el hueco de la parva,
jaciéndonos morisquetas?

Pa mí, la fiesta mayor
era entonces, Mariquilla,
por debajo de la paja
garrarte una pantorrilla.

(...)

Buen tiempo aquel, Mariquilla.
¡Qué diferencia al de ahora!
¡Me caso en el que inventó
la máquina trilladora!

No sabemos con certeza, salvo excepciones, qué canciones de las que integran este cancionero de Casiano son de su producción, cuáles heredadas de la familia, o cuáles fueron fruto del aprendizaje en diferentes etapas de su vida. El porqué de este vacío es debido a que el trabajo de recopilación realizado –tal como dejamos constancia con anterioridad– no obedecía a un esquema de estudio premeditado y riguroso sino que, más bien, fue el resultado de conversaciones distendidas durante ratos en los que tuvimos la ocasión de ampliar conocimientos, sin acoso ni interrogatorios de los que él no era muy partidario. Así lo expresa en una frase suya, muy elocuente, que resume su carácter y manera de ser ante ese tipo de situaciones de agobio:

–Más vale morir de una irritación, que no de una majadería.

No podemos olvidar, por supuesto, el aprendizaje extraído de las parrandas compartidas. En una de esas ocasiones, dialogando sobre la posibilidad de presentarnos al programa de televisión "Tenderete", nos comenta:

–Yo en el Tenderete no canto como canto aquí, estoy seguro. Ahora, si llegamos allí nosotros de parranda, entonces sí; pero ir allí a esperar a que me toque, ¡ya me jodiste! Los nervios, no es igual. ¡Pero esperar a que me toque! Eso es lo peor que a mí me pueden hacer, es matarme (La Tosca de Ana María, Sta. Úrsula, 1984).

Con el propósito de rellenar –en lo posible– dicho vacío, realizamos un breve estudio de aproximación, cuya finalidad persigue despejar los interrogantes planteados acerca de la autoría del cancionero. Para ello recurriremos a la búsqueda de referencias comparativas sobre determinados temas que se contemplan en los cantares, así como de coplas similares o variantes de estas, posibles procedencias, etc.

Portada de La Prensa. Año IV- Fundador y propietario Leoncio Rodríguez, mayo 1914, Tenerife (Monográfico sobre folclore musical. Archivo del autor).

Somos conscientes de que, tal vez, muchas de sus canciones se quedaron para siempre en algún rincón de su mente, y que otras puede que estén en el recuerdo de alguna persona que, al oírlas, quiso guardarlas en la impronta de aquel momento vivido en "La Cuevita".

Por lo tanto este legado, tal vez incompleto pero en absoluto reducido ni en cantidad ni calidad, está integrado por una serie de coplas y canciones –algunas de ellas muy populares– cuya novedad radica en las desconocidas letras que aportan, que, tal como le oí decir a Casiano una vez con su inconfundible sentido del humor:

–*¡Tenemos unas canciones muy viejitas, muy "antigüítas", muy "antiguaditas"!*

El inventario de este legado nos aporta la siguiente relación:

-Coplas de isas = 41.
-Estribillos de isas = 33.
-Jotillas[22] e isas corridas = 16.
-Coplas de folías = 32.
-Estribillos de folías = 7.
-Coplas de malagueñas = 7.
-Coplas de polkas = 6.
-Polkas de Tenerife o polkitas = 2.
-Manchegas–Seguidillas = 5.
-Romances = 4.
-Puntos cubanos–Décimas = 4.
-Canciones varias = 10.

A continuación y, a modo de ejemplo, mostraremos un listado con solo algunas de las diferentes temáticas que reflejan el potencial de estudio inmerso en los cantares recogidos en este cancionero. Para ello, haremos una relación directa entre temática y canción, con el fin de agilizar su búsqueda entre el repertorio musical. Algunos de estos temas a tratar son: las relaciones de pareja (Jotilla 14: *La novia mía*), desavenencias familiares (Jotilla 7: *El domingo en La Laguna*), el tratamiento sexista hacia las mujeres (Punto cubano 3: *La novia gorda*); episodios destacados de la historia de Canarias: el Pleito Insular (Jotilla 5: *¡Oh! Balancé*), canciones de moda de la postguerra (Canción 9: *Baldomera*), la población guanche y su legado (Folía-copla 4); desencantos amorosos (Jotilla 9: *Yo no canto para nadie*), cantares infantiles (Polkita 2: *Soy el farolero*), injusticias sociales (Folía-copla 15), cantos

22 Bajo el epígrafe de "Jotillas" se aglutinan una serie de composiciones poéticas que eran interpretadas bajo esa modalidad rítmica; sin embargo, hay algunos temas que, dado el tipo de métrica, rima y número de versos, puedan corresponderse con otro género musical.

a la libertad (Jotilla 6: *La libertad*), episodios bélicos (Puntos cubanos–Décimas 4: *Décimas de África.* 1921), etc., y una serie de cantares inéditos que podrían enriquecer el panorama del que se ha venido a denominar “Folclore Maldito de Canarias”. Todos estos temas a los que nos hemos referido y otros tantos que quedan por desvelar, los dejamos en manos de personas expertas en musicología y sociología que sabrán realizar un mejor análisis y sacar sus propias conclusiones.

EL CANCIONERO DE CASIANO[23]

COPLAS DE ISAS[24]

1.
Yo fui nacido en el mar
y bautizado en la arena,
mi padrino fue un sargo
y mi madrina una morena.

2.
Casarme me casarán
pero le temo, le temo
que me salga en la cabeza
lo que le salió al carnero.

3.
¿Por qué te ocultas violeta
de tus hermosos colores,
cuando en el jardín de amores
siempre te nombran poetas?
(Grabación 15)

---

[23] Salvo los títulos de las canciones que van acompañados de un (*), el resto son meramente orientativos, cuyo propósito es el de su identificación, ya que desconocemos los originales.

[24] Las coplas 1, 38 y 4 aparecen recogidas en la isla de El Hierro. La 1 y 38 como integrantes de los "Cantares del molino", la 38 con dos versiones -una de ellas con variantes- y la 4, en relación con las letras de los "Bailes de cuerdas" (Lorenzo, 1981:121,215).

4.
Al monte me fui aburrido
a tirar piedras al viento,
allí me quede dormido
contigo en el pensamiento.

5.
Tengo la cabeza loca
del viento que hizo ayer
y de silbarle a las cabras
que no querían comer.

6.
Yo no digo que mi barca
sea la mejor de Arico,
pero sí digo que lleva
los mejores guayabitos.

7.
Tu fuiste la que anduviste
por el mar vendiendo arena
y por un cuarto me diste
morena, la mano llena.

8.
En el centro de mi pecho
una paloma encerré,
y como es sitio estrecho
abrió la puerta y se fue.

9.
Cada vez que voy al mar
y me siento en la rivera,
me pongo a considerar
si esta chica me quisiera.

10.
Mi corazón dio un suspiro
y al alma le preguntó,
¿Corazón qué suspiras, mi alma?
Porque tengo amor.

11.
La luna se va, se va,
déjala ir, que se vaya
que la luz que me alumbra
está en aquella ventana.

12.
La luna se va a poner
por detrás de tu tejado,
dame de tu cama un lado
que el sueño me va a vencer.

13.
Señores yo soy del campo
tengo las patas rajadas
y para cantar la isa
tengo la boca salada.

14.
Guardián suelte usted a mi hermano
que no ha hecho ningún delito,
lo que haya hecho él, yo lo pago,
que está malo el pobrecito.

15.
Ya no puedo cantar más
que tengo el pecho rendido
que me lo rindió una bala
de un suspiro de un cumplido.

16.
Te quiero porque te celo
y si no, no te celara.
Donde hay amores hay celos
y donde no hay celos no hay nada.

17.
Dos cosas tiene mi tierra
que no las tiene Madrid,
el pico Teide gigante
y el botánico jardín.

18.
Dos cosas tiene mi tierra
que no las tiene Madrid,
el Teide con sus volcanes
y el botánico jardín.

19.
Mi madre nació de lima
y mi padre de limón,
y yo de naranja china
mira que combinación.

20.
Al monte me fui aburrido
a tomar veneno fuerte,
pa que no sepan de mí
y tampoco de mi muerte.

21.
El puente tiene seis ojos
y yo dos solamente,
echan más agua mis ojos
que los seis ojos del puente.

22.
Duerme, duerme amada Rosa
que yo velaré por ti,
duerme tranquila y dichosa,
pero acuérdate de mí.

23.
Camino de Santa Eulalia
una mujer se perdió,
¡Ay! Virgen de Candelaria
si me la encontrara yo.

24.
Y un suspiro y dos suspiros
y hasta tres suspiros di,
el primero por mi madre
y los otros dos por ti.

25.
Cuando la perdiz cantaba
su adorado pico abría,
todos dicen que me hablaba
pero yo no lo entendía.

26.
Anoche me mordió un perro
y esta mañana una gata.
¡Válgame Dios de los cielos!
Que estos demonios me matan.

27.
De Santa Cruz a La Villa
están haciendo una pared,
con la pared va la línea
y por la línea va el tren.

28.
Si pasares por la iglesia
dile al sacristán que apague
la luz que tiene encendida
que aquí no se ha muerto nadie.

29.
Una rubia me invitó
a meterme dentro el trigo.
¿Cuándo volverá esa rubia
a querer juegos conmigo?

30.
Cuando Tenerife canta
La Palma queda bailando
y en La Gomera diciendo:
en El Hierro están tocando.
(Grabación 13)

31.
Cuando canta una mujer
se alegra la tierra y cielo
y para el hombre es el consuelo
la vida y el padecer.
(Grabación 28).

32.
Qué bonita es mi María.
¡Ay, madre! ¿Si usted la viera?
Tiene las patas rajadas
de regar la sementera.

33.
Y a tus ojos, vida mía,
le temo más que a un cañón,
porque con una mirada
derribas un batallón.
(Grabación 28)

34.
Estando en África un día
me acordé de tu salero,
porque me faltó la sal
cuando estaba de ranchero.
(Grabación 10)

35.
A mí me gustan las juergas
más de noche que de día,
vengan juergas y más juergas
hasta que amanezca el día.
(Grabación 28)

36.
Mañana por la mañana
pare mi vaca Florida,
el que quiera tomar leche
que venga a mi gañanía.

37.
¿No ves aquella barquilla
en el mar dando vaivenes?
Así está mi corazón
cuando te llamo y no vienes.

38.
Yo fui nacido en el mar
y una concha fue mi cuna,
si no me caso con Concha
no me caso con ninguna.

39.
Y a mí me llaman poca ropa
soy hijo de cho jarapos
y mi abuelo subió al cielo
intentando vender trapos.

40.
Dicen quel agua de la fuente
quita penas y da alegría,
aquí traigo esta pena mía
pa que la lleve la corriente.

41.
Los carnavales son tres
y yo digo que son cuatro
que el miércoles de ceniza
también me divierto un rato.

ESTRIBILLOS DE ISAS

1.
Diviértanse muchachos
que se va el carnaval,
diviértanse muchachos
que se va, que se va.

2.
Una piedra de azúcar
me saqué en el bazar
y como era de azúcar
la volví a rechazar.

3.
Si Dios hubiera hecho
de vino el mar
yo me volviera pato
para nadar.

4.
Aunque sea una vieja
con un diente na más,
aunque sea una vieja
échamela pacá.

5.
Ya mi abuela no tiene
más que un colmillo
donde cuelga mi abuelo
los calzoncillos.

6.
A los árboles santos
los marchita el calor
y a los enamorados
los marchita el amor.

7.
Santa Teresa en la cueva
le dijo a San Alejandro
que si la quería querer
y el santo quedó temblando.

8.
Allí en esa calle vive
la mujer calabacera,
la que me dio calabazas
antes que yo se las diera.

9.
Son tus ojos morena
los que cogieron
lavando en el río
los artilleros.

10.
Con la sal que derrama
una morena
se mantiene a una rubia
semana y media.

11.
Niña dame un beso
que tu madre me mandó.
-Mi madre manda en mi casa
y en lo mío mando yo.

12.
Había un viejo en un pajar
rascándose la rodilla
y una vieja las costillas
y se lo tenían a mal.

13.
Debajo del puente
te vi bañar
y me parecías
sirena del mar.

14.
Mira si será dolor
mira si será fatiga,
acostarse con la madre
y amanecer con la hija.

15.
Sube, sube palomita,
sube, sube al palomar
que el pichoncito está solo, palomita
y te quiere acompañar.

16.
Una vez yo lo llevé
a casa de la que amaba,
una vez yo lo llevé
y luego él me llevaba.

17.
Anoche y antier noche
y esta mañana
me salieron los perros
de seña Juana.

18.
Con este traje de maga
dicen que no soy tan fea,
bonitas son las canarias
y la hermosura se pega.

19.
Si te vas por un año,
dime que por un mes,
esa pena morena
tú a mí no me la des.

20.
Si mi madre fuera mora
y yo nacido en Argel,
me vestía de Mahoma
solo por venirte a ver;
amada blanca paloma.
Si mi madre fuera mora
Y yo nacido en Argel.

21.
A mí me gusta lo blanco
viva lo blanco, muera lo negro.
A mí me gusta la gaita
viva la gaita, viva el gaitero.

22.
A tu madre se lo dije
un día en el campo arando
y lo que me contestó:
-Para ti la estoy criando.

23.
Tus ojos bella mujer
tienen pleitos con el sol,
porque el sol no es más que uno,
tus ojos dos soles son.

24.
Día de San Juan al mar,
día de San Pedro al monte,
día de San Nicolás,
por coles a Tacoronte.

25.
Por bonitas que sean las flores,
las flores de tu jardín.
Por bonitas que sean las flores
ninguna se iguala a ti.

26.
Si te portas bien
te voy a comprar
una bandolera
para el carnaval.

27.
A Mateia la hija de cho Capote
se le metió un cohete por el escote.
¡Corre Mateia, corre, juye Mateia
que hasta los foguetes tienen ideas!

28.
En el paraíso entré
en busca de nueve rosas:
tres rojas, tres moradas
y tres como tú de hermosas.

29.
Vale más, vale más
ser soltero como yo
y vivir y vivir
placentero como yo
y gastar y gastar el dinero
en mujeres que sepan amar.

30.
Y le daba y le daba y le daba
unos palos que la consolaba
y le daba y le daba y le dio,
unos palos que la consoló.

31.
¡Ay! Sorongo, sorongo, sorongo,
de lo que mi madre me jace me pongo.
Mi madre me jiso una camisita
que no me tapaba ni la barriguita
y tampoco el ombligo redondo.
¡Ay! Sorongo, sorongo,sorongo.

32.
Tápeme, tápeme, tápeme,
tápeme, tápeme que tengo frío.
-Cómo quieres que te tape
si la manta se ha rompido.
Tápeme, tápeme, tápeme,
tápeme, tápeme cha Micaela.
-Cómo quieres que te tape
si tienes los pies por fuera.

33.
Si los curas y frailes supieran
la paliza que les van a dar,
estarían todo el día diciendo:
¡Libertad, libertad, libertad!

JOTILLAS E ISAS CORRIDAS

1. Jotilla: Un cojo tuerto y feo (Grabación 20)

Un cojo tuerto y feo
casó en Segovia (bis)
y el cojo salió perdiendo
cómo sería la pobre novia.

Dime si esta coplita
que es tan bonita tiene intención,
porque yo que la canto inocente
le oigo a la gente
la misma canción.

Si tú me quieres Lola
yo ha de comprarte (bis)
una barca de flores
para embarcarte. (bis)

Si la mar se alborota
no temas Lola (bis)
que tú eres muy bonita
para las olas. ¡Huy, ay, ay, ay!

2. Jotilla: Anoche estuve pensando (Grabación 27 y 41)[25]

Anoche estuve pensando
cómo te podía ver,
me acordé de la guitarra
y aquí te vengo a traer,

canciones que a ti te gustan
y a mí me gustan también,
asómate a la ventana
para yo poderte ver.

---

25 La interpretación de esta canción suele complementarse con la jotilla siguiente (nº 3), dando lugar a una sola composición.

Ya la guitarra se alegra,
mi corazón siente amores
viéndote en la oscuridad
ante de un jardín de flores.

Que no veo dónde piso
y a mí no se me da nada,
solo lo que quiero ver
son los ojos de mi amada.

3. Jotilla: Anda niña

Anda niña componte
vamos al baile
y verás a tu novio
bailando el charles.

Anda niña componte
vamos al cine
y verás a tu novio
en calcetines.

Anda niña componte
vamos al muelle
y verás las barquitas
cómo se mueven.

Échame la manita
por la gatera
que yo soy el gatito
que anda por fuera.

Que anda por fuera niña,
que anda por fuera,
échame la manita
por la gatera.

Qué bien figuraste (bis)
que bien figuró,
qué bien la bailaste (bis)
qué bien la bailó.

4. ¿Jotilla?: El Palito* (Grabación 34)

De Las Cañadas
a La Orotava,
tras de una maga
lo que corrí.
Y allí me hicieron
tantos tormentos,
tantos desaires
qué bien que va.

Siga el jaleo,
siga el meneo,
siga el jaleo
qué bien que va,
valga la cántara
para la llora
ríanse ahora:
¡ja, ja, ja, ja!

Yo me fui a Cuba
corté un palito,
hice un barquito
y vine paquí.
Pero es mi suerte
tan desgraciada,
que ni a mi padre
lo conocí.

Sombrero gacho
con su plumacho,
¡válgame Dios
qué lindo el muchacho!
Valga la cántara,
para la llora,
ríanse ahora:
¡ja, ja, ja, ja!

Ayer tarde se casó la Nicanora
con Perico Sacacorcho el alguacil,
se gastaron en la boda ¡ni se sabe!
Cuatro rochas y un rochín.

Que yo no quiero eso,
barán, ban, ba.
Que yo quiero otra cosa,
barán, ban, ba.
Que yo quiero un besito
de tu linda boca.

5. Jotilla: ¡Oh! Balancé! *

¡Oh! Balancé, balancé,
balancé de Tenerife,
se han quedado los canarios
con tres palmos de narices.

¡Oh! Balancé, balancé,
balancé de Tenerife,
hay que tener cuidadito
con las cosas que se dicen.

¡Oh! Balancé, balancé,
balancé de nieve pura,
hay que tener cuidadito
con las monjas y los curas.

6. Jotilla: La libertad* (Grabación 22)

Lavandera que lavas la ropa
y en el charco se pierde el jabón,
calla y cesa tu canto orgulloso
mientras duerme y descansa el amor.

Lavandera se encierra en su cuarto
y ella sola se pone a pensar
si su amante la viera bordando
¡la bandera de la libertad!

7. Jotilla: La feria de ganado (Grabación 19)

El domingo en La Laguna
Facundo el de tío Amaro
se fue con cuatro animales
a la feria de ganado.

Es el burro de mi primo,
el becerro de mi hermano,
la cochina de mi suegra
y el perro de mi cuñado.

Por datos me preguntaron
y yo contesté enseguida:
-Pues esos cuatro animales
son todos de la familia.

8. Jotilla: Yo no canto para nadie (Grabación 13)

Yo no canto para nadie
ni nadie me ponga asunto,
yo canto por un difunto
que anda volando en el aire.

Que canto por un desaire
que me hizo una mujer,
ella me empezó a querer
y luego se arrepintió
y calabaza me dio,
qué mala es de comer.

9. Jotilla: Guerra de Cuba. 1898 (Grabación 31)

Salió de Cuba un vapor
que traiba muchos soldados
y todos vienen marcados
por la señal del dolor.

Avanza barco maldito
que aunque yo sé que me muero
a mí no me importa, quiero
morir en un rinconcito.

¡Ay Dios! Quién viera a mi madre
y le dé el último abrazo
y después tome un pedazo
de tierra de aquella aldea.

10. Jotilla: Una noche de "estío" (Grabación 24)

Una noche de estío
di la pasión al calor
nos damos niña adorada
el primer beso de amor.

Desde entonces soy esclavo,
esclavo de mi pasión
y tú serás la sultana
que reina en mi corazón.

Desde que luce la aurora
hasta que termina el día
por ti palpita alma mía
mi corazón que te adora.

Y lleno de amor profundo
tenerte a mi lado quiero,
porque sin ti considero
que se haya desierto el mundo.

11. Jotilla: La triste viuda (Grabación 21)

Lloraba la triste viuda
debajo de un manto negro
la muerte de su marido
no haberse muerto más luego.

¡Ay, sí, sí!
¡Ay, no, no!
Ingrata me has olvidado
mal haya tu corazón.

Le tengo dicho a mi negra
que no se deje querer,
porque el amor de Pepito
también se puede perder.

¡Ay, sí, sí!
¡Ay, no, no!
Ingrata me has olvidado.
¡Mal haya! tu corazón.

12. Jotilla: Una casita chiquita* (Grabación 17)

Una casita chiquita que tengo
allá abajo en el trigal,
para una mujer bonita
que me quiera acompañar.

En la puerta hay una parra
donde canta la cigarra
y más allá hay un pencón,
donde cuelgo la mochila
cuando vengo de La Villa,
allá coloco el zurrón.

En la puerta hay una tranca
para el que entre sin permiso,
¡Darle un palo en la cabeza
y romperle hasta el totizo!

¡Buen tiempo aquel Mariquilla!
¡Buen tiempo aquel no el de ahora!
¡Mal haya quién inventó
la maquina trilladora!

¡Buenas vacas pa trillar
la Romera y la Centella!
No hubo yunta en el Rodeo
para trillar como aquella.

¿Te acuerdas cuando le dabas
vueltas y vueltas al trillo?
Tú eras una zagalota
y yo era un zagalotillo.

¿Te acuerdas cuando almorcemos
gofio con higos porretas
y por debajo la paja
te jacía morisquetas?

¡Buen tiempo aquel Mariquilla!
¡Buen tiempo aquel no el de ahora!
¡Mal haya aquel que inventó
la máquina trilladora!

Cállese cristiana
no me diga nada
escuche aquí tras
que vengo engrifada.

Que anoche leyendo
cas seña Lorenza
unas relaciones
que trujo la prensa.

De fantasma esa
bruja o lo que seia
hablan por el tubo
de la chimeneia.

Anoche en el sueño
oí un grito sordo.
¡Que me están jalando
por el dedo gordo!

13. Jotilla: La novia mía (Grabación 16)

Yo tengo una novia en Guasa
que el domingo voy a verla,
y es tanto lo que me pide
que no se le cae la lengua.

Ella me pide un delantal
pa ponerse por delante,
y yo como la quería
también le compre unos guantes.

¡Porque era la novia mía!

Ella me pide un caballo
para aprender a montar,
y yo como la quería
un coche le fui a comprar.

¡Porque era la novia mía!

Ella me pide una casa
para ponerse a vivir,
y yo como la quería
casa y cocina le di.

¡Porque era la novia mía!

Desde que se vio dentro
con todos sus menesteres,
cerró la puerta y me dijo:
-No te lleves de mujeres.

¡Porque era la novia mía!

Todo hombre que se casa
aquí en esta tierra nuestra,
se casa para trabajo
y se alquila como bestia.

Levanta por la mañana
para ir a trabajar,
y la mujer le contesta:
-Cierra la puerta pallá.

Que voy a dormir al niño
pa poderme levantar-.
Dan las doce la mañana,
viene el marido a almorzar.

-¿Qué disculpa le daré
que no me pueda peliar?
Que estaba el niño llorando
y no lo podía callar.

¡Porque era la novia mía!

14. Isa: La dicha del gallo

Quién tuviera la dicha
que tiene el gallo,
cuando sale a la calle
monta a caballo.

La gallina se agacha
y el gallo sube,
le arrima los manises
y se sacude.

Seña Mariquilla
présteme su gallo,
porque a mi gallinita
le ha dado un desmayo.

Vecinita por favor
asujete sus gallinas,
que mi gallo se ha escapado
y anda en busca de pollitas.

15. Isa: Aguardiente

Aguardiente cosa rica
dónde la ha probado usted.
-En la esquina de Balbina
que allí tiene su café.

Y aunque me ves, que me ves que me caigo,
es un andar serenito que traigo.
Y aunque me ves que me vengo cayendo
es un andar serenito que tengo.

16. Isa: Anoche cuando dormía (Grabación 12)

(Copla)
Y anoche cuando dormía
de conciencia fatigado,
no sé qué sueño adorado
brota sobre el alma mía.

(Estribillo)
Yo soñé que te veía,
que tú me estabas mirando,
mi vida triste, muy triste,
abrí los ojos llorando
al ver que ya no veía
la prenda que estoy amando.

FOLÍAS (Coplas)

1.
Al pie del Teide gigante
un niño guanche lloró,
su madre pa consolarlo
una folía cantó.

2.
Bajando del monte un día
a la playa Candelaria
vi la mujer más bonita
que hay en las Islas Canarias.
(Grabación 8)

3.
Folías, tristes folías,
alma del pueblo canario
voces de guanches que suenan
todavía en esos campos.

4.
Fueron los guanches primero
en esta tierra canaria
los que cargaron a hombros
la Virgen de Candelaria.

5.
Cuando canto la folía
siento una pena muy grande,
pues con ella me dormía
la pobrecita mi madre.

6.
Cuando una madre canaria
le besa al hijo en la frente,
el canto de la folía
queda grabado en su mente.

7.
¡Ay, madre! Por qué no vienes
y llevas al que alevanta
un testimonio a una joven
que apenas suela le alcanza.
(Grabación 11)

8.
Para mi madre que estaba
estudiando en Salamanca,
yo estoy queriendo a una rubia
como la nieve de blanca.

9.
En Las Cañadas del Teide
oí una voz que decía:
-No la mates que es mi madre
déjala que viva, viva.
Déjala que pase, pase,
en este mundo fatigas.
(Grabación 14)

10.
Una canaria subió
al Teide a cantar folías,
con el calor de su pecho
la nieve se derretía.
(Grabación 29)

11.
Vino un pájaro canario
y se posó en mi guitarra,
para ayudarme a cantar
estas folías canarias.

12.
En un barco de emigrantes
rumbo a la Guaira partí,
los ojos se me rayaron
cuando yo el Teide no vi.

13.
De qué le sirve al cautivo
tener los grillos de plata
y las cadenas de oro
si la libertad le falta.

14.
Cuando se muere un torero
lo llevan al mayoral.
Cuando se muere un obrero
no lo quieren ni enterrar.
Torero tiene dinero.

15.
España ya no defiende
sino a curas y toreros
y no defiende la causa
del hijo del pobre obrero.

16.
La iglesia es un comercio,
los curas los comerciantes
y al toque de las campanas
acuden los ignorantes.

17.
Tuve una novia canaria
que al morir se condenó,
porque me entregó su alma
en un beso que me dio.

18.
Estando en el cementerio
oí cantar las folías,
me pareció que las tumbas
se movieron de alegría.

19.
Preso en la cárcel estoy,
no llores mi bien por eso
que no soy el primer preso
ni dejo de ser quien soy.

20.
Preso en la cárcel estoy
amarrado con cordeles,
por decirle a una mujer:
qué bonitos ojos tienes.
(Grabación 9)

21.
Cuando dos enamorados
están cantando folías
salen las notas del alma
y en el aire se acarician.

22.
¿Para qué me acariciabas
diciendo que me querías,
si traías en tu pecho
alguien que a mí me ofendía?
(Grabación 29)

23.
En Las Cañadas del Teide
hay una fuente que mana
sangre de los españoles
que murieron en batalla.

24.
Gofio y leche que amasar
y una cama pa dormir,
el beso de una canaria
qué más se puede pedir.
(Grabación 9)

25.
Yo te juro por mi tierra
que cuando esté en la agonía
le doy un susto a la muerte
si oigo cantar folías.

26.
Soy canario y en mi cuna
nunca escuché un arrorró,
porque cuando yo nací
mi madre se me murió.

27.
Por un poquito de gofio
y un buchito de agua fría,
un beso de una canaria
pasa el canario la vida.

28.
No digo que es un jardín
ni que es la isla más bella,
digo que muero por ella
y que en su tierra nací.

29.
Una casita en el campo
y una mujer que me quiera
un barril de vino tinto
y luego que vengan penas.

30.
Cuando cantes las folías
no pongas odio al cantar,
las folías son del alma
y el alma no sabe odiar.

31.
Yo me salí al campo un día
lleno de penalidad
a ver si la soledad
tranquilidad me ofrecía.

32.
Adiós ilusión querida
quédate soñando amores
que cantan con alegría
los pájaros en las flores.

FOLÍAS (Estribillos)

1.
A seña Manuela
la del Sobradillo
le estalló un cohete
dentro el ventorrillo.

2.
Una vieja en un barranco
se lo miraba y decía:
–¡Qué viejo te estás poniendo
gran buscador de la vida!

3.
Barre, barre Mariquilla.
–Madre no puedo barrer,
tengo las enaguas rotas
y el culito se me ve.

4.
María Dolores
eres el demonio
que por cuatro reales
vendiste el moño.

5.
Que eres el demonio,
que eres el demonio
que por cuatro reales
vendiste el moño.

6.
Seña Mariquilla
la pantorrilluda
se mea la cama
y dice que suda.

7.
¡Qué barbaridad!
¡Qué barbaridad!
Fuerte noche oscura
fuerte un temporal,
que detrás del Teide
reventó un volcán.

MALAGUEÑAS (Coplas)

1.
Al manicomio entré un día
y me pesó haberlo hecho.
Yo vi una loca en el patio
que llorando daba el pecho
a una muñeca de trapo.

2.
Al entrar en un cementerio
sin querer pisé un hueso y me dio frío,
y me respondió mi madre:
–¡No me pises hijo mío
que por ti derramé sangre!

3.
Yo vi llorar a una madre
lágrimas que las bebía
de ver a su hijo enfermo,
sabía que se moría
y no tenía remedio.

4.
Quién fuera como la brisa
que en cementerio entrara
y del sepulcro sacara
de mi madre las cenizas.

5.
Antes de morir mi madre
a mí me llamó y me dijo:
–Ni lo sabrás, ni lo sabes
hasta que tengas hijos
lo que te quiso tu madre.

6.
Yo vi a una mujer muerta
sobre una mesa de mármol
con la sangre corrompida
y el corazón destrozado
por un hombre que quería.

7.
Rico quítate el sombrero
que está un entierro pasando,
que es de un pobre jornalero
que se murió trabajando
por el maldito dinero.

POLKAS

1.
Me casé con una viuda
y se meaba la cama,
la cambié por una burra
no me devolvieron nada.

2.
A mi mujer y a una burra
en la cuadra examiné,
resultó que sabía más
la burra que mi mujer.

3.
Una mujer se cayó
frente de una barbería,
yo no sé qué se le vio
que el barbero se reía.

4.
Una vieja en una cuadra
se echó un pedo y mató un mulo,
pa que digan que las viejas
no tienen fuerza en el culo.

5.
Cuando nació Vitoriano
los camellos se reían
y uno al otro se decía:
–Ya tenemos nuevo hermano.

6.
Ahora sí que estamos bien,
tú preñada y yo en la cárcel.
Tú no tienes quién te meta,
yo no tengo quién me saque.

POLKITAS TINERFEÑAS

1. Don Manolo (Grabación 40)

Oiga don Manolo
qué gordo está usted,
–No voy a estar gordo ¡Caramba!
si la paso bien.

Me salgo a la calle,
me tomo el café,
mi cigarro puro ¡Caramba!
y mi taza de té.

(Estribillo)
Subo a la azotea
a tender la ropa
veo un ratoncillo ¡Caramba!
bailando la polka.

(Estribillo)
Baila la polkita
baila la polká,
baila la polkita ¡Caramba!
qué buena que va.

Ahí viene Lorenzo
por la sacristía,
el sombrero gacho ¡Caramba!
la capa caída.

Los ojos hinchados
de tanto llorar,
al pobre muchacho ¡Caramba!
lo van a matar.

(Estribillo)
Subo a la azotea...

(Estribillo)
Baila la polkita...
Vamos a Belén
que hay mucho que ver,
que se casa un hombre ¡Caramba!
con una mujer.

La mujer es ciega
y el hombre no ve,
vaya un casamiento ¡Caramba!
que vamos a ver.

(Estribillo)
Subo a la azotea...

(Estribillo)
Baila la polkita...

2. Soy el Farolero* (Grabación 40)

Soy el farolero
de la Calle el Sol,
que salgo a la calle ¡Caramba!
y enciendo el farol.

Y enciendo el farol,
me pongo a contar
a ver si mi cuenta ¡Caramba!
me sale cabal.

Dos y dos son cuatro,
cuatro y dos son seis;
seis y dos son ocho ¡Caramba!
y ocho, dieciséis.
Y ocho, veinticuatro
y ocho, treinta y dos.
Soy el farolero ¡Caramba!
de la Calle el Sol.

MANCHEGAS – SEGUIDILLAS

1.
Madre mía del Carmen
tres cosas pido:
salvación y dinero
y un buen marido.

Que no fume tabaco
ni beba vino,
que no se acueste con nadie
solo conmigo.

2.
Una mujer bonita
subió a la torre
a doblar por su amante
que no hay quien doble.

Cada doble que daba
daba un suspiro:

–¡Mi marido del alma,
mi buen marido,
qué de palos me daba
cuando era vivo!

3.
Madre mía del Carmen
padre vicario,
se han subido las monjas
al campanario.

4.
Esta noche en mi casa
es el demonio,
mi padre con mi madre
y yo con mi novio.

5.
Compañero del alma
suerte tuvistc
que al ojo le apuntaste
y al ojo diste.

ROMANCES

1. La bastarda y el segador* (Romance picaresco)
Canto de Trabajo: La siega* (Grabación 39)[26]

¡Qué linda la meda nueva! Y amor ¡qué linda es la meda!
¡Amor qué linda es la meda, ay, ay qué linda es la meda nueva!

–Segador que tanto siegas si me siega usted esta cebada,
tiene la plagana negra y la espiga es colorada.
–Y esa cebada señora a qué hora puede ser segada.
–Entre las doce y la una y las tres de la madrugada,
entre las doce y la una que la gente está acostada.

---

[26] En la versión recogida se enlazan los romances 1 y 2 en el mismo canto de trabajo. El informante identifica la palabra "meda" como sinónimo de "dama".

2. El gato y el ratón* (Romance tradicional)

–¿Qué haces ahí marrullillo?   ¿Qué haces ahí marrullero?
–Amolando mis alesnas   que mi oficio es zapatero.
–¿Quiere hacerme unos zapatos?   Yo se los pago a dinero.
–Sí señor, sí se los hago,   pero de su mismo cuero.
Con esta palabra y estas,   fue y le tiró mano al cuello.
–Aflójeme gran amigo   que me tiene sin resuello.
Déjeme ir a mi casa   pa hacer un gran testamento,
a darle parte a mis hijos   que le digan a mis nietos,
que no se lleven del gato,   aunque lo encuentren durmiendo.

3. La serrana* (Romance tradicional)[27]

Al bajar por la ladera   me encontré a una serrana
con el pelo recogido   debajo de su montera,
que no se diferenciaba   si era varón, si era hembra.
Me desafía a luchar   me puse a luchar con ella.
Ella me pega una lucha   y yo le pego lucha y media.
Me cogió por una mano   y me llevó pa su cueva
y de cruces y calvarios   tenía la cueva llena.
Me atreví y le pregunté   qué cruces eran aquellas.
–Son hombres que yo he matado   y los he enterrado en mi cueva,
y a usted le haré lo mismo   cuando mi voluntad sea.
Enciende el fuego pastorcillo   mientras voy a la rivera.
–De conejos y perdices   traía la cintura llena.
–La perdiz la cogí al vuelo   y el conejo a la carrera.
–Que de toda esa carne   que le hiciera una cazuela.
Ella se puso a comer,   ella se come la carne
y a mí los huesos me deja,   ella se come el buen pan
y a mí el cascarón me deja,   ella se bebe el buen vino
y a mí el vinagre me deja.   Cuando acabó de comer
guitarra de oro me entrega.   –Toca, toca pastorcillo

[27] Romances recitados por Casiano Hernández Luis en "La Cuevita" (04/1983), a los 71 años.

toca al uso de tu tierra.   –Yo como lo sabía hacer
me puse a templar las cuerdas.   La primera con la segunda
y el cuarto con todas ellas.   Con el son de la guitarra
la serrana se durmiera.   Cuando yo la vi dormida
me eché por esa cueva afuera,   con el zapato en la mano
y la media en la faltriquera.   Al subir por una loma
y al bajar por la ladera,   las voces de la serrana
retumbaban cielo y tierra: –vuelva pa tras pastorcillo
que una prenda se le queda.   –Esa prenda mi serrana
Dios le haga bien con ella,   que si estaba en buenas manos
en otras mejores queda.

4. Virgen de la Peña* (Grabación 38)[28]

Mi padre San Diego
por su desventura,
pasó de Canaria
pa Fuerteventura.

Mi padre San Diego
por barranco abajo,
se le escapó un pie
y fue pal carajo.

Mi padre nos dice:
–¡Ánimo muchachos,
cuando tengan ganas
ordeñen los machos!

[28] Esta versión –que se interpreta a ritmo de tajaraste- fue recogida de Casiano Hernández Luis en “La Cuevita” (04/1983), a los 71 años. Así mismo incorporamos una copla variante fruto de una grabación realizada en otro contexto.

Mi padre nos da
barras y marrones:
–Cuando tengan ganas
gofio a los zurrones.

Lo que vimos, padre,
fue anoche en la Peña
luces que alumbraban
hasta las estrellas.

Y vimos las cabras
y los garañones
y nuestros bordones
de miedo temblaban.

Virgen de la Peña,
reina y soberana,
danos de tu auxilio,
no se pierda mi alma.

(...)

Mi padre nos dice:
–¡Ánimo pastores,
que yo les daré
barras y marrones!

PUNTOS CUBANOS – DÉCIMAS

1. ¿Dejarán de ser hermanos?

¿Dejarán de ser hermanos
el culo como la boca?

¿Dejarán de ser hermanos
el culo como la boca,
que al culo no se le toca
ni se le pasan las manos?

¿Dejarán de ser hermanos
y compañeros los dos,
que da la boca la voz
parece tan clara y bella
y cuando el culo resuella
todo el mundo dice ¡fos! [¡fo!]

2. La novia gorda (Grabación 26)

Yo tengo una novia gorda
para pasar el invierno,
no me importa que sea gorda
que pa correr no la quiero.

Pesa ciento treinta kilos
no cabe por una puerta.
El domingo me fui al baile
con mi novia la Ruperta
y para poder entrar
hubo que romper la puerta.

No cabe en ningún sillón,
se sienta sobre una mesa.
¡Si tuviera un litro vino
por cada kilo que pesa!

3. Un día, ¡triste de mí! (Grabación 25)

Un día, ¡triste de mí!,
unos bueyes pastoriando
no sé en qué estaba pensando
que en la línea me dormí.
En la línea me dormí
porque el sueño me rindió
y de la vida me salvó
la soberana María.

4. Décimas de África* (1921)[29] (Grabación 30)

Cuando corrían los tiempos
de mil novecientos veintiuno,
bajamos los artilleros
para los campos morunos.

A las nueve la mañana
para Santa Cruz bajamos
y aproximado a las cuatro
en el muelle descargamos.

Un vapor que se encontraba
todo lleno de banderas,
a las cuatro de la tarde
subimos las escaleras.

El muelle estaba cubierto
del más niño hasta el anciano,
todos a un tiempo decían
adiós a nuestra batería
que se va para la guerra.

Y a nosotros nos bendijo
nuestro Cristo lagunero,
por ser día de su santo
despidió los artilleros.

El día que yo entré en quinta
puse un ramo en tu ventana
y ahora que estoy contigo
te lo compro de laureles.

---

[29] Estas décimas eran interpretadas por Casiano a ritmo de jotilla.

CANCIONES VARIAS

1. Tonadilla: Un vino radical

Es un vino radical, radical,
el vinillo superior, superior,
remedio radical, radical
para el mal humor.

Ni en Francia, ni en Alemania,
ni en Rusia, ni en el Japón,
hay chicas como en España
que sepan llevar mantón.

2. Tonadilla: Mamita (Grabación 23)

Mamita compró un caballo
color castaño de lo mejor,
para pasear a Pepito
que está malito del sarampión.

3. (¿?) La esposa de don Ruperto (Grabación 18)

No hay mujer en el mundo
como la esposa de don Ruperto,
porque en todo su cuerpo
lleva una pieza de lo moderno.

Lleva una pierna de goma
y una mano de madera,
lleva un ojo de cristal
y una orejita de cera.

Lleva los dientes postizos
las muelas y los colmillos,
lleva las cejas postizas
de los pelos de un cepillo.

4. Jotilla (¿?): El lucero de Venus (Grabación 35)

Con la luz del lucero de Venus
en la playa de Cuba arenosa
allí vi la mujer más hermosa
sumergida en un sueño de amor.

Yo, la vi, yo la vi, cielo santo,
estrechada en mis brazos la tuve
y de amor se rindieron las nubes
una noche tranquila y feliz.

De allí viene el infame su padre,
me la quita y ¡por Dios! se la lleva,
anda y dile, mi amor, que se atreva
a arrancar de mi pecho el amor.

Eso no, eso no, vida mía,
no me des ese fiero dolor
que a mi pecho atraviesa un puñal
pero no es del acero traidor.

5. Canción: Basilisa*

Basilisa mi vecina
solo reza a San Antonio
y de continuo le pide
que le consiga un buen novio.

Pero es preciso que tenga
una pupila especial,
pues la pobre Basilisa
es más fina que un coral.

(estribillo)
Basilisa, lisa, lisa
Basilisa, lisa está,
está lisa Basilisa
por delante y por detrás.

Bien le sentó a Basilisa
el plan que le puso Andrés,
pues Basilisa ha engordado
y a él le pasó al revés.

Pero ahora Basilisa
no hace más que llorar,
pues por delante ha engordado
y está lisa por detrás.

(estribillo)
Basilisa, lisa, lisa...

6. Canción: Mamá yo quiero* (Grabación 36)

Al Congo, al Congo, al Congo quiero ir,
yo quiero ir al Congo para bailar allí.

Mamá yo quiero, marchar al Congo,
porque en el Congo calienta más,
y las congotas después del baile
todas las horas toman coñac.

(Estribillo)
Al Congo, al Congo, al Congo quiero ir,
yo quiero ir al Congo para bailar allí.

El otro día, papá me dijo:
–Anda negrita vete al bazar,
y al ir allí, un negro vi
y a mi papá le dije así:

–Este es Domingo nuestro vecino,
un gran amigo de mi papá,
madre cómprame un negro
cómprame un negro para bailar,
madre cómprame un guardia,
cómprame un guardia municipal.

7. Canción: Muévete negrita (Grabación 37)

Báilame con la marimba con ardor
que tu baile me conmueve,
muévete negrita, muévete,
que no hay en el mundo cosita mejor.

Y la negra enamorada
le dice al oído cositas de amor,
no se pone colorada
porque ella no puede cambiar de color.

8. Jotilla (¿?): Vete a lavar morena / Unos ojos negros vi*[30]
(Grabación 32)

Un grupo mujeres juntas
sentadas en un larguero
unas cantan y otras dicen:
No hay amor como el primero ¡Ay, ay, ay!

No hay amor como el primero (bis).
Como palomitas blancas
sentadas en un larguero.

No hay amor como el primero
aunque el segundo más valga ¡Ay, ay, ay!
Porque por fin el primero
rompe los velos del alma ¡Ay, ay, ay!

Y el ladrón piensa en el robo
y el asesino en la muerte ¡Ay, ay, ay!
El preso en la libertad
y yo morena en quererte ¡Ay, ay, ay!

[30] Esta versión parece ser el resultado de la fusión de dos canciones distintas que utilizan el mismo ritmo en su interpretación: *Vete a lavar morena.* Y, *Unos ojos negros vi.*

Y yo morena en quererte
y yo morena en quererte ¡Ay, ay, ay!
El ladrón piensa en el robo
y el asesino en la muerte ¡Ay, ay, ay!

(Estribillo)
Vete a lavar morena,
vete a lavar,
si no hay agua en el río
lava en el mar.

Unos ojos negros vi
en una cara morena ¡Ay, ay, ay!
Si no han de ser para mí
que se los trague la tierra ¡Ay, ay, ay!

Que se los trague la tierra
que se los trague la tierra ¡Ay, ay, ay!
Unos ojos negros vi
en una cara morena ¡Ay, ay, ay!

(Estribillo)
Vete a lavar morena...

Ojos negros traicioneros
¿Por qué me miráis así? ¡Ay, ay, ay!
Tan alegres para otros
y tan tristes para mí ¡Ay, ay, ay!

Y tan tristes para mí
y tan tristes para mí ¡Ay, ay, ay!
Ojos negros traicioneros
¿Por qué me miráis así? ¡Ay, ay, ay!

(Estribillo)
Vete a lavar morena...

9. Jotilla (¿?): Vamos a contar mentiras* (Grabación 33)[31]

Ahora que estamos despacio
vamos a contar mentiras ¡Ay, ay, ay!
Por el mar corre la liebre,
por el monte la sardina ¡Ay, ay, ay!

Al salir del campamento
con hambre de seis semanas ¡Ay, ay, ay!
Me encontré con un ciruelo
cargadito de manzanas ¡Ay, ay, ay!

Me puse a tirarle piedras
caían las avellanas ¡Ay, ay, ay!
Con el ruido de las nueces
vino el amo del peral ¡Ay, ay, ay!

-Muchacho no tires piedras
que no es tuyo el platanal ¡Ay, ay, ay!

Y aquí se acaba la historia
de este pobre cocinero ¡Ay, ay, ay!
Que tenía más mierda encima
que el palo de un gallinero ¡Ay, ay, ay!

(...)

Al salir del campamento
con más hambre que una rata ¡Ay, ay, ay!
En el rancho me encontré
la cinta de una alpargata ¡Ay, ay, ay!
Aunque sea de un peludo
desos que sudan las patas ¡Ay, ay, ay!

[31] También se recoge una variante de la segunda copla.

10. Canción a ritmo de Jotilla: Baldomera*[32]

De mi pueblo a los madriles
he venido a ser soldado,
pues de todos los reclutas
soy el más espabilado.

Porque yo pongo en la mili
tal cariño y tal afán
que ninguno me adelanta
cuando tocan para pan.

Y tengo una cocinera
tan gentil y superior,
tiene un cuerpo más bonito
que el del Estado Mayor.

Y si guarda lo que sisa,
¡que es una barbaridad!,
cuando la tenga en el bote
la voy a dejar pelá.

Cuando tenga el armamento
que me den pa ser soldado,
me retrato pa que digan:
¡Vaya un quinto bien armado!

Cuando estoy de maniobras
solo en ti suelo pensar.

Baldomera, Baldomera
en tu cuerpo yo quisiera
la milicia terminar.

[32] La canción Baldomera –basada en un personaje popular conocido en determinadas provincias españolas– podría corresponderse con el pasodoble militar coreable, con letra de Montoro León y música de J. Martín Domingo, publicado en Madrid en 1931.

Baldomera, Baldomera
eres mucha cocinera
pa este pobre militar.

Baldomera, Baldomera
ráscate la faldiquera
que no tengo pa fumar.

ESTUDIO COMPARATIVO

Para afrontar este cometido hemos hecho uso de varias publicaciones que estimamos cumplen con los objetivos planteados, ya que, aparte de desarrollar sus investigaciones en comarcas próximas a nuestro ámbito de estudio (La Orotava), contemplan diferentes enfoques sobre la música tradicional y el folclore musical del que pudo haberse influenciado nuestro protagonista. En estos trabajos localizamos cantares, coplas, estribillos y canciones que guardan similitud con los que se muestran en el cancionero que nos ocupa. Partiendo de esas analogías se puede establecer una línea de investigación para analizar aspectos tan variados como: origen, procedencia, movilidad y dispersión de la tradición oral, versatilidad de las composiciones para ser adaptadas a diferentes géneros musicales, relación entre cantares y determinados bailes, festividades; su finalidad lúdica-pedagógica, la influencia Canarias-América, etc.

En primer lugar haremos uso de la obra *Cancionero Popular*, de Álvaro Hernández Díaz[33] (1988), consistente en un trabajo de campo y recopilación de la tradición oral (entre cuyos informantes no figura Casiano); a través del cual se nos ofrece una amplia muestra del legado etnomusical que pudo documentar, principalmente, en la zona norte de Tenerife (Los Realejos, Puerto de la Cruz, La Orotava). De este trabajo hemos podido localizar y extraer las similitudes siguientes[34]:

[33] Hernández Díaz, Álvaro. (1988) *Cancionero Popular*. Centro de la Cultura Popular Canaria. Ayuntamiento de Los Realejos. Santa Cruz de Tenerife. ISBN 84-398-8701-9.

[34] En el momento de hacer la comparativa entre los ejemplos de cantares seleccionados, se hará referencia tanto a la obra y página de los que se extraen (ej. Hernández, 1988:26), como a su localización en el Cancionero de Casiano (ej. C.C.- Polka 5).

Los amores y los celos
forman tal unión
que no hay amor sin celos
ni celos sin amor.
(Hernández, 1988:26)
(C.C.- Coplas de isas 16)

De Cartagena a Almería
van haciendo una pared,
por la pared va la guía
y por la guía va el tren.
(Hernández, 1988:49)
(C.C.- Coplas de isas 27)

Una rubia me engañó
y me llevó dentro el trigo;
yo no creo que esa rubia
tenga más bromas conmigo.
(Hernández, 1988:51)
(C.C.- Coplas de isas 29)

Mi madre nació de lima,
y mi padre de limón,
y yo de naranja china,
¡vaya una combinación!
(Hernández, 1988:62)
(C.C.- Coplas de isas 19)

Un suspiro y dos suspiros,
hasta tres suspiros di,
uno lo di por mi madre
y los otros dos por ti.
(Hernández, 1988:62)
(C.C.- Coplas de isas 24)

¿De qué te ocultas, violeta,
y no usas tus colores
siendo tú la más honesta
de entre todas las flores?
(Hernández, 1988:72)
(C.C.- Coplas de isas 3)

Si mi madre fuera mora
y yo nacida en Argel,
renegara de Mahoma
solo por venirte a ver,
ojos de mansa paloma.
(Hernández, 1988:73)
(C.C.- Estribillo de isas 20)

Yo juro por mi madre
que cuando esté en la agonía
le doy un susto a la muerte
me pongo a cantar folías.
(Hernández, 1988:18)
(C.C.- Folías: Coplas 25)

¿Y para qué me acariciabas
ay, diciendo que me querías,
si tenías en tu pecho
otros que a mí me ofendían?
(Hernández, 1988:57)
(C.C.- Folías: Coplas 22)

Folías, tristes folías,
almas de un pueblo canario,
voces de guanches que suenan
todavía en esos campos.
(Hernández, 1988:58)
(C.C.- Folías: Coplas 3)

A Ceuta lo llevan preso
atado con dos cordeles
por decirle a mi morena:
ojos negros rojos tienes.
(Hernández, 1988:68)
(C.C.- Folías: Coplas 20)

Una vieja muy revieja
se lo miraba y decía:
–¡Qué viejo te estas poniendo,
el buscador de la vida!
(Hernández, 1988:61)
(C.C.- Folías: Estribillos 2)

Esta noche en mi casa
son los demonios:
mi padre con mi madre,
yo con mi novio.
(Hernández, 1988:31)
(C.C.- Manchegas-Seguidillas 4)

No hay amor como el primero
aunque el segundo más valga,
porque el amor primero
le abre los ojos al alma.
(Hernández, 1988:21)
(C.C.- Canciones varias 8)

Al pasar por el cementerio
pisé un hueso y me dio frío,
oí una voz que decía:
–¡No me pises hijo mío!
(Hernández, 1988:62)
(C.C.- Malagueña 2)

Quítate el sombrero, rico,
que va el entierro bajando;
es el hijo de un obrero
que se murió trabajando.
(Hernández, 1988:63)
(C.C.- Malagueña 7)

Un día, triste de mí,
unos bueyes pastoreando,
el maquinista pitando,
la máquina que venía,
y yo que no la sentía
porque el sueño me rindió,
la vida me la salvó
la Soberana María.
(Hernández, 1988:108)
(C.C.- Puntos cubanos-Décimas 2)

La Serrana[35]
(Hernández, 1988:102-103)
(C.C.- Romances 3)

El segundo de los trabajos seleccionados para continuar con el estudio comparativo, es la obra (complementada con un CD) *El Folklore Maldito de las Islas Canarias,* de Manuel J. Lorenzo Perera[36] (2002). Trabajo novedoso y de especial interés ya que en él, aparte de realizar una clasificación de géneros folclóricos en función de su finalidad, se recoge un amplio muestrario de cantares que tradicionalmente han sido marginales, mal vistos, molestos para una mayoría social impregnada de prejuicios derivados del nacionalcatolicismo. Esto debido a la temática de sus composiciones, tanto de carácter brujesco, sexual,

[35] Con respecto a la composición poética *La serrana,* se trata de un antiguo romance de procedencia peninsular, muy popular y extendido por toda Canarias con múltiples versiones que recogen determinados aspectos de los usos y costumbres de cada isla o comarca. En los textos referidos se aprecian algunas variantes, pero debido a su extensión derivamos su lectura a los originales antes mencionados.

[36] Lorenzo Perera, Manuel J. (2002) *El Folklore Maldito de las Islas Canarias.* Centro de la Cultura Popular Canaria. S/C de Tenerife. ISBN: 84-7926-422-5.

religioso, de crítica social, etc. Será aquí donde veamos la relación directa entre diferentes cantares y su pertenencia a determinados géneros folclóricos, antigüedad, dispersión geográfica; como es el caso de la copla (Hernández, 1988:61) C.C.- Folías: Estribillos 2, que es parte integrante del "búsquese la vida", antiguo baile de carácter festivo caracterizado por "Su temática y sus letras picantes y atrevidas", cuya finalidad perseguía incitar a los participantes a la práctica de relaciones sexuales y a la procreación. Este género documentado en la localidad de Arguayo (Santiago del Teide), en el pasado se encontraba disperso por la comarca NW de Tenerife, estando su copla más representativa, *Una vieja en un barranco...*, documentada, a su vez, en la isla de El Hierro (Lorenzo, 2002: 86-88; 120-121).

Otras piezas musicales que figuran en este trabajo de Lorenzo Perera son: *La Canción del palito*, y el romance *La serrana*. La primera de ellas fue rescatada en Puerto de la Cruz (Tenerife), aunque también se encuentra documentada en localidades como Los Realejos y Arrecife (Lanzarote). Su temática se relaciona con prácticas brujeriles, que vienen determinadas por el uso de materiales específicos empleados por las brujas en sus desplazamientos, el palito y el barquito (Lorenzo, 2002:110-111;119-120). Esta versión, además de mostrar unas cuantas variantes en la letra que define la canción –"tronquito", "palito"–, es más reducida y monótona –según se aprecia en la audición del CD[37]–, que la recopilada de Casiano (C.C.- Jotilla 4, Grabación 34), en la cual aparecen varias coplas donde se percibe una clara influencia del folclore cubano, en cuanto a ritmo y detalles como la mención a una moneda de ese país, la Rocha.

Con respecto al romance *La serrana* se puede observar (Lorenzo, 2002:126-127) que se trata del mismo romance que hemos visto recogido anteriormente con sus diferentes variantes (Hernández, 1988:102-103, C.C.- Romances 3), lo que nos habla de su amplia difusión y popularidad por muchas localidades del Archipiélago.

---

[37] *El folklore Maldito de las Islas Canarias*. Grupo Folklórico del Centro Superior de Educación de la Universidad De La Laguna (2 CD). Disco 1, Canción 4. Gobierno de Canarias-C.C.P.C. Dep. Legal: TF:2033/02.

Otro importante trabajo que nos da una idea de lo rico y variado de la música tradicional y folclore musical existente en Canarias, es la magistral obra de la musicóloga Carmen Nieves Luis García[38] *La Música Tradicional en Icod de los Trigos* (2011). Una obra en la que se recoge el trabajo minucioso llevado a cabo, durante algo más de 10 años, con las personas integrantes de esa comarca del NW de Tenerife (Icod el Alto). En este trabajo se recopila, analiza y estudia la música tradicional que ha acompañado a esa comunidad a través de generaciones durante las diferentes facetas de su vida: la infancia y el aprendizaje escolar, la vida familiar y religiosa, el trabajo del campesinado, tiempo de ocio, festividades, etc. Con su lectura no solo hemos encontrado cantares semejantes y coplas idénticas integradas en diferentes géneros musicales interpretados por Casiano, sino que también nos aclarara una serie de conceptos acerca de lo que se entiende por música tradicional, popular, o folclore musical (sus raíces, significado, evolución...), lo que nos ayuda a entender mejor la verdadera importancia del repertorio musical contenido en el Cancionero de nuestro protagonista, y la trascendencia de su legado. Un ejemplo de algunas analogías encontradas lo tenemos en las coplas a la Virgen de la Peña, patrona de Fuerteventura. Varias de estas coplas –de la versión original– constituyen la base en la que se inspira el Tajaraste que figura en C.C.-Romances 4 (Grabación 38), así como de otras variantes que también aparecen en Icod el Alto bajo la modalidad de "rezado" en *Cuando murió Cristo* (R136.1), del que expondremos el siguiente fragmento:

Cuando murió Cristo
todos lo sintieron,
los riscos temblaron,
las peñas se abrieron
y los garañones
de miedo corrieron.

[38] Luis García, Carmen Nieves (2011) *La Música Tradicional en Icod de los Trigos. Tiempo de juegos, rezos y entretenimientos.* Cabildo Insular de Tenerife, Caja Canarias..., Tenerife. 2 Vol. ISBN: 978-84-614-9272-5.

Virgen de la Peña,
Reina y Soberana,
dame de tu auxilio,
no se pierda mi alma,
si mi alma se pierde,
queda descansada.
(Luis, 2011:1310-1311 Vol.II)

En el capítulo que dedica su autora a "Canciones o Juegos para Cantar", apartado 4 ("Otras Canciones"), encontramos, en primer lugar, la canción *Soy El Farolero*[39] con dos versiones diferentes: J268.1a y J268.1b (Luis, 2011:1153-1154 Vol.II).

Esta canción en el C.C.- Polkita 2 (Grabación 40) figura como una adaptación musical bajo el género de Polkita. Su diferencia con las versiones anteriores estriba, principalmente, en la apostilla "¡Caramba!" que aparece al final de la tercera línea de cada estrofa, así como en la variante o ausencia de determinados versos.

En segundo lugar, bajo el epígrafe B) ROMANCES J275, descubrimos la canción *Hora Que Estamos Espacio*, con tres versiones diferentes, la J275.1, J275.2a y J275.2b (Luis, 2011:1161-1162 Vol. II). Esta canción aparece en el Cancionero de Casiano en el apartado de Canciones Varias con el número 9 (*Vamos a contar mentiras*, Grabación 33). Su letra guarda una gran similitud con la versión J275.2a y difiere de todas ellas en la apostilla (¡Ay, ay, ay!), que aparece al final de las líneas 2ª y 4ª de cada estrofa.

Otro romance, esta vez con referencia a animales, es *El Gato y el Ratón*, del que se muestran siete versiones que van desde J212.1, a la J212.7 (Luis, 2011:996-1001 Vol. II), de las cuales dos, la J212.2 y J212.3, guardan una mayor similitud con la registrada en C.C.- Romances 2 (Grabación 39), versión incompleta y con variantes en la letra.

[39] El uso del folclore infantil con una finalidad lúdica-pedagógica ha estado ligado a los centros de enseñanza desde antiguo. En concreto en La Orotava, en el colegio de la Milagrosa –ubicado por entonces en la casa, esquina norte C/Nicandro González con Tomás Zerolo–, se enseñaba esta canción a las alumnas allá por el año 1925 ó 1927 (Testimonio de Luisa Perera Lima, 1919-1990. La Orotava).

Uno de los resultados que pudimos extraer de este breve estudio comparativo, fue el haber detectado cómo, en el Cancionero de Casiano, determinados cantares de la música tradicional se transforman, de manera espontánea o no, en diferentes géneros folclóricos, como es el caso de los romances que derivan en el Canto de Trabajo (Romance 1 y 2. *La siega*); el Tajaraste (Romance 4. *Virgen de la Peña*); (Polkitas 2. *Soy el Farolero*); o en Canciones Varias 9 (*Vamos a contar mentiras*); un hecho que evidencia la amalgama resultante de la mezcla de tradiciones.

A PROPÓSITO DE ALGUNAS CANCIONES

En este apartado nos detendremos en realizar un análisis más minucioso sobre una serie de canciones que estimamos de interés, dada su singularidad en cuanto a la temática que abordan y los momentos históricos que se ven reflejados en ellas.

La primera de estas canciones es *La Libertad* (C.C.- Jotilla 6, Grabación 22). Su interés estriba en que la versión recogida de Casiano parece estar basada en una canción tradicional granadina, que tiene como protagonista a la figura de Mariana Pineda, una joven de Granada que, con tan solo 26 años, fue ejecutada por destacar en la lucha a favor de la libertad bajo el régimen absolutista del rey Fernando VII en 1831. A partir de entonces Mariana y su bandera –donde figuraban las palabras Ley, Libertad, Igualdad–, se convertirán en símbolos de esperanza frente a la opresión.

La copla original que parece influir en nuestra versión, es la siguiente:

Marianita, sentada en su cuarto,
no paraba de considerar:
–¡Si Pedrosa me viera bordando
la bandera de la libertad![40]

Habría que destacar –en la versión de Casiano–, el carácter de clandestinidad que subyace bajo el juego de palabras que se realiza con los términos "lavandera" y "la bandera", esta última utilizada como símbolo de reivindicación antimonárquica. Tal vez esta canción, localizada también en la isla de La Palma por el filólogo Maximia-

[40] Martín Segarra, Susanna. (2019) *Residencia de Estudiantes.* Editorial Bruguera. Barcelona. ISBN: 978-84-02-42211-8.

no Trapero[41] y su equipo de colaboradores, que la catalogan bajo la modalidad de "Romances Vulgares Modernos Popularizados" con el título *Marianita Pineda* (Trapero, 2000:497-499), fuera utilizada por el movimiento republicano que influyó en la proclamación de las dos repúblicas españolas: 1873-1874 y 1934-1939.

Otra canción que se encuentra en la misma línea reivindicativa que la anterior (esta vez con la utilización de los colores de la bandera republicana), se localiza en C.C.- Estribillo de isa 28. Este cantar parece estar motivado y hacer referencia al hecho sucedido en agosto de 1939 –cuatro meses después de finalizada la guerra civil–, cuando 13 jóvenes mujeres de entre 18 y 29 años de edad ("Las Trece Rosas"), muchas de ellas militantes de las Juventudes Socialistas, fueron fusiladas por la dictadura franquista.

La siguiente canción en estudio basa su argumento en un hecho histórico derivado de una contienda bélica que enfrentó a los países de España y Marruecos a comienzos del siglo XX. En concreto se trata del envío de tropas pertenecientes al Regimiento de Artillería de Campaña nº 93 (RACA 93) de la Brigada "Canarias", para su participación en la Campaña de Melilla de 1921.

Este episodio bélico que ocasionó la muerte a miles de jóvenes soldados, utilizados como "carne de cañón" para defender unos intereses particulares que no eran los suyos, dejó una tremenda huella en la sociedad española, que será recordada gracias al talento popular.

De esta canción solo conocemos, de momento, tres versiones: la que utiliza un poema compuesto por soldados de la RACA 93 –antes citada–, recuperado del Legado familiar de Félix González Hernández (veterinario en la guerra del RIF 1921-1922). Este poema, tras una readaptación, ha dado lugar a una versión musical (Décimas de África), a la que se puede acceder gracias al trabajo realizado por Patricio León[42]. De las otras dos versiones –incompletas–, una fue recopilada

[41] Trapero, Maximiano. (2000) *Romancero General de La Palma.* Cabildo Insular de La Palma. ISBN. 84-87664-180.

[42] https://www.youtube.com/watch?v=AknXrpBd2JI. Décimas de África. Legado Musical Familiar- Guerra del RIF (1921). Copyright. Patricio León. (1921-2020).

en la isla de La Palma en 1992 (Trapero, 2000:500/146.1) y la tercera es la que aparece en el Cancionero de Casiano (Jotilla 8, Grabación 30). Esta canción, tal vez la aprendiera Casiano durante el periodo de tiempo que pasó realizando el servicio militar en el Cuartel del Cristo de La Laguna, lugar donde el recuerdo de esa gesta estaría custodiado cual reliquia.

Un dato curioso a destacar como ejemplo de esta creatividad compositiva que tiene en la guerra de Marruecos su fuente de inspiración, consiste en una serie de cuatro estrofas que se integran en una de las canciones que se convertirán en símbolo de resistencia en la lucha por la libertad frente al golpe de estado franquista de 1936, y posterior dictadura.

La estrofa más conocida y que da nombre a la canción *Si me quieres escribir* (que figura editada en un LP del folclorista chileno Rolando Alarcón)[43], ya aparece recogida en las "Décimas de África" (1921) de Patricio León; solo que, en esta segunda versión, se sustituye el verso "campamento de Melilla", por "en el frente de batalla".

En la estrofa completa se lee:

Si me quieres escribir
ya sabes mi paradero,
en el frente de batalla,
primera línea de fuego.

El tajaraste *Virgen de la Peña*, en el C.C.- Romances 4 (Grabación 38), es otra pieza del folclore que merece un estudio en detalle dada su singularidad, ya que en ella confluyen dos géneros musicales diferentes: un romance estrechamente ligado a la isla de Fuerteventura, en honor a su Patrona desde el siglo XVII, y un ritmo de baile o danza propio de Tenerife.

[43] https://www.youtube.com/watch?v=0ZV2xXs6N5s. Canciones de la Guerra Civil Española/Rolando Alarcón. Discografía ASTRAL. (1968).

El origen de esta composición poética bajo la modalidad de tajaraste, viene del Romance o Coplas a la Virgen de la Peña (de las que se desconoce su autor y fecha en la que fueron compuestas); basadas, a su vez, en una leyenda piadosa donde se narran los episodios vividos por unos religiosos franciscanos: San Diego de Alcalá y Fray Juan de Torcaz que, junto con la complicidad de los pastores del lugar, terminan con el hallazgo de la santa imagen en el interior de una gran roca, hecho que se sitúa cronológicamente a mediados del siglo XV. (Cerdeña, 2008:75-131)[44].

La versión de las coplas utilizada para este estudio la integran un total de 72, de las cuales, solo siete -si incluimos la que se repite al comienzo y final de la composición a modo de estribillo-, son las que presentan una mayor similitud. Por orden de aparición en el texto, se trataría de las siguientes estrofas:

1 y 72 (Estribillo)
Virgen de la Peña,
reina y soberana,
dadme vuestro auxilio,
no se pierda mi alma.

14.
Mi padre San Diego,
por nuestra fortuna,
vino de España
a Fuerteventura,
y otro religioso
trajo en su compaña.

[44] Cerdeña Ruiz, Rosario. (2008) *La Virgen de la Peña*. Cabildo de Fuerteventura, Ayuntamiento de Betancuria. Obra Social la Caja de Canarias. ISBN: 978-84-96017-52-8.

30.
Lo que vimos, padre
fue anoche en las peñas,
llamas que subían
hasta las estrellas:
el valle encendido
de una viva llama.

31.
Fue tantas las llamas
y los resplandores
que vimos las cabras
y los garañones;
y nuestros bardinos
de miedo temblaban.

50.
San Diego les dice:
–¡Ánimo, pastores,
que yo os daré
chupas y calzones,
medias y zapatos,
casaca y espada!

51.
Ellos se conforman
con estas razones
–Vamos a buscar
picos y marrones,
escalas y escoplos;
también una barra.
(Cerdeña, 2008:227-243).

Tras la lectura de esta comparativa vemos cómo, en la composición de los versos que forman las estrofas del tajaraste, se aprecia una clara influencia de las coplas a la Virgen de la Peña. En unas ocasiones los versos se conservan casi iguales y, en otras, se alteran por completo dando origen a otros nuevos que parecen surgir de un vago recuerdo –bien del texto original de las coplas, o de la trama narrativa de la leyenda que da origen a estas–. Ello da como resultado una versión muy reducida que tiene como personajes principales al padre San Diego, los pastores y la Virgen; pero a la vez cargada de un cierto toque de irreverencia, y de la picardía que ha caracterizado al campesinado isleño a través de los tiempos.

Otra muestra del arraigo a estas coplas majoreras en el barrio de La Florida (La Orotava) –lugar donde el padre de Casiano aprendió este tajaraste–, lo encontramos en otro género folclórico con tradición en esa localidad. Se trata de un cantar (el tango "jerreño")[45] que fue recopilado por el Colectivo Cultural La Escalera (C.C.E.). En él figuran varias menciones a la Virgen de la Peña, e inclusive la estrofa con que comienzan y finalizan las coplas utilizadas en el estudio comparativo, independizadas con los números 1 y 72. Como ejemplo de este tango mostramos el siguiente fragmento:

Virgen de la Peña / dame otra mujer
porque esta que tengo / no sabe coser.

Virgen de la Peña / dame otro marido
porque este que tengo / no duerme conmigo.

Si conmigo duerme / no me hace nada
Virgen de la Peña / reina y soberana.

Virgen de la Peña / reina y soberana
danos nuestro auxilio / no se pierda mi alma.

Esta reiteración en el uso de las coplas a la Virgen, incorporándolas a determinados géneros folclóricos ajenos a Fuerteventura, nos plantea el siguiente interrogante: ¿Existe la posibilidad –ya planteada con respecto a un "rezado" registrado en la localidad tinerfeña de Icod el Alto (Luis, 2011:438-439 Vol. I) –, de que para el caso concreto del tajaraste, fuera la letra compuesta en la isla majorera, luego difundida y,

45 Colectivo Cultural La Escalera. (1999) "*A don Toribio González, maestro de nuestra música tradicional*". El Pajar, Cuaderno de Etnografía Canaria. Nº 5. pp.13-15.

con posterioridad adaptada en Tenerife a ese género musical; o, por el contrario, pudo ser creada en La Florida con esa finalidad por majoreros allí establecidos y que recordaran, vagamente, las coplas dedicadas a su patrona? Es un tema apasionante que queda aún por investigar.

Aparte de los ejemplos expuestos para la isla de Tenerife (C.C.-Romances 4; Luis, 2011:439 Vol. I, C.C.E. 1999:15); también se registra en La Palma un romance[46] en el que determinados versos, que veremos a continuación, son prácticamente iguales a los del tajaraste de La Florida:

Mi padre San Diego - por su desfortuna
pasó de Canaria - a Fuerteventura (1)
Trajo su bastón - anda muy derecho
pero él se joroba - cavando jelecho (2)
Porque la miseria - la tiene en la cara (3)
Visren de la Peña - reina y soberana (4)
Dame deste ausilio - no se pierda mi alma
Para que de todos - seas alabada
(Régulo, 1946:20).

Otra clara influencia de esta composición poética también se hace palpable en la isla de El Hierro por medio de un romance en honor a su patrona: *Aparición de la Virgen de los Reyes*. Esta versión, al parecer, pretende ser una réplica de las coplas majoreras; un hecho que se refleja -de manera singular- en dos de sus estrofas: la que hace referencia a la aparición y la más popularizada, que se repite a modo de estribillo, como bien lo clarifica en su estudio M. Trapero (2006: 296-299)[47].

En otro orden de cosas, a continuación abordaremos un tema que aún sigue candente en el panorama de la sociedad canaria: el Pleito Insular.

---

[46] Régulo Pérez, Juan. (1946) *Cuestionario sobre palabras y cosas de la isla de La Palma*. Facultad de Filosofía y Letras. Universidad de La Laguna. Tenerife.

[47] Trapero, Maximiano. (2006) *Romancero General de la isla de El Hierro*. Cabildo Insular de El Hierro. 2ª edición. ISBN: 84-93323-8-0.

La lucha por el reparto de poder entre la oligarquía establecida en las dos islas principales (Gran Canaria y Tenerife), dará como resultado lo que terminaría por denominarse pleito insular; una rivalidad que contagia y arrastra a una parte de la población, propiciando un falso conflicto de intereses que se perpetúa hasta la actualidad. Este será otro de los asuntos que aparecen reflejados en el legado musical de Casiano como muestra de determinados acontecimientos históricos que han marcado la identidad canaria y, a su vez, inspirado canciones que reflejan, fielmente, el estado de crispación vivido por momentos. Este es el caso del tema *¡Oh! Balancé* (C.C.- Jotilla 5).

El archipiélago canario, como territorio integrado por las siete islas históricamente habitadas, no contó con una capitalidad regional o provincial, administrativa, política, ni económica hasta bien entrado el siglo XIX. El germen de la rivalidad por obtener la hegemonía de capitalidad de la Provincia de Canarias comienza a dejarse sentir desde 1808, pero su crecimiento se verá potenciado a raíz del reconocimiento de Canarias como Provincia por la Constitución española de 1812. Con posterioridad –en la década de los ochenta–, el pleito se intensifica con la propuesta y reivindicación de dividir la Provincia en dos distritos; proceso que se materializa en 1927 con la ruptura efectiva[48].

Como consecuencia de todo este juego de enfrentamientos surgirán canciones como la que nos ocupa. Pero no será esta la única versión conocida, ya que otro de esos ejemplos basados en el hecho de que la balanza de la justicia incline su platillo más hacia uno u otro aspirante al título, lo encontramos en una anécdota acaecida en 1859 a propósito de un presunto hecho delictivo consistente en el soborno –por parte del grupo de presión de Gran Canaria–, de un personaje con capacidad de decisión que influyera en deliberar a su favor, acusación que motivó la siguiente canción:

[48] Cioranescu, Alejandro. (1978) *Historia de Santa Cruz de Tenerife. III 1803-1977.* Confederación Española de Cajas de Ahorro. S/C de Tenerife. ISBN: 84-500-1652-5.

En *(sic)* Canarias se han quedado
pelados como un zurrón:
perdieron los dos mil duros
y también la división.
(Cioranescu, 1978:112-113)

Una vez analizadas estas canciones, en las que su temática es el hecho más singular, haremos mención a un género folclórico: Manchegas-Seguidillas, que destaca –al igual que la polka–, por su carácter pícaro, ironía y socarronería de sus letras, al menos el que se detecta en las transmitidas por Casiano. De entre ellas, como muestra, hemos seleccionado la siguiente copla en la que se puede apreciar la doble lectura que se esconde en el último verso: "y al ojo diste" [ya lo jodiste].

Compañero del alma
suerte tuviste
que al ojo le apuntaste
y al ojo diste.
(C.C.- Manchegas 5)

EPÍLOGO

La influencia ejercida por aquel lugar y la persona de Casiano sobre dos amigos incondicionales (Fito y Sixto), hizo surgir la atrevida idea de un proyecto de grupo musical. En un primer momento como dúo y, posteriormente –con la incorporación del amigo Martín–, como trío bajo el nombre de *Aicá maragá*, término recogido de una endecha guanche que, traducido al español de Canarias, significaría algo así como: "Seas bienvenido".

Casiano, Dácil, Fito y Sixto. Un día entre amigos en Barroso, La Orotava (archivo del autor).

El repertorio que se ofertaba consistía en una selección de temas representativos del folclore de las diferentes islas, y de otros aprendidos en "La Cuevita", así como de Iberoamérica. De esta manera se continuaba con una tradición que tuvo su origen en aquella peculiar "Escuela de Folclore". Así fue como iniciamos nuestra andadura conjunta en el mundo de la música, contribuyendo con pequeñas aportaciones a perpetuar el espíritu festivo y de armonía que caracterizó la figura de Casiano. Una filosofía de vida que tanto se echa en falta en estos tiempos revueltos que nos están tocando vivir.

El amor no es posesión,
mi madre me lo enseñó,
el capirote en la jaula
por no volar se murió.
(Sixto Sánchez Perera)

Ha sido un honor haber podido compartir con las personas mayores sus últimas vivencias, ser cómplices de sus experiencias vitales, hacerles revivir los años de juventud con sus alegrías y tristezas. En definitiva, contribuir a perpetuar su existencia más allá de la muerte física.

¡Continuarán estando en nuestros pensamientos y corazones!

Reaparece el Trío Aicá maragá. Actuación en el ex convento de S. Agustín, La Orotava, el 23 de septiembre de 1981 (foto cedida por Cayetano Barreto).

Actuación de Aicá maragá acompañando a Dácil Travieso. Instituto de Puerto de la Cruz (archivo del autor).

El caballo blanco del poeta ciego[49]

Salta caballo, pájaro, poeta
ciego conjunto, bala desgranada del pecho de los ángeles.
Vuela, salta, libera los ríos ascendentes
de la sangre encendida. Galopa fieramente como un
[bárbaro
guerrero de la luz y de la sombra.
Destrenza las inútiles verdades de tus versos malditos
la mentira de todo lo que es cierto y ven tus ojos.
Destruye y quema al viento como las crines sueltas de tu
[propio entusiasmo.
Galopa fieramente. La rabia sea contigo, las alas y el
[silencio.
Traspasa las vidriosas ventanas del cielo navegable.
Salta, galopa y salta con Dios o con el Diablo
quema el alma y persiste.
Aún quedan alas. No se quiebren tus alas
con premio ni castigo, con la vida o la muerte.
Salta caballo, pájaro, poeta
que el día fue una luz entre dos sombras,
Galopa y vuela. Ya no serás ceniza
cuando la inmensa hoguera del poniente
de nuevo resplandezca. Ya no serás ceniza
aunque los desalados
los inútiles ángeles que imprimen sus huellas en la arcilla
insolentes y dignos pregunten
si vas a parte alguna.

Rafael Arozarena

[49] Rafael Arozarena. Caravane. Poemas y Prosas (Antología 1959-1990). Biblioteca Básica Canaria 45. Pág. 59. Viceconsejería de Cultura y Deportes. Gobierno de Canarias. ISBN: 84-87137-93-8.

REGISTRO DE AUDIOS

Las grabaciones de audio que acompañan a esta publicación (un total de 46), representan un hecho testimonial que recoge, principalmente, diferentes momentos que tuvieron lugar entre abril de 1983 y principios de 1984 –último año de vida de Casiano–. Con una duración de algo más de dos horas, el contenido de este testimonio documental se estructura de la siguiente manera: un primer bloque (A) –a modo de introducción–, en el que, en primer lugar, se puede escuchar la lectura de un panegírico a su memoria grabada en el Homenaje a Casiano celebrado en mayo de 1985. A continuación se da paso a los recuerdos a través de sonidos, cuentos, anécdotas..., que tuvieron lugar una tarde-noche de abril del 83 en el interior de "La Cuevita". Y como segundo bloque (B), aparece todo un repertorio de canciones que supone una amplia representación de su legado musical, el cual se recoge en el cancionero que figura en el apartado correspondiente del libro.

Estos audios son, por tanto, resultado de grabaciones improvisadas realizadas con dispositivos caseros (casetes) de escasa calidad, tanto en el interior de "La Cuevita" como en reuniones de amigos celebradas en casas particulares. Sin embargo, dependiendo de la calidad de las grabaciones originales, y tras los trabajos de conversión de analógico a digital y edición realizados por el amigo Kino Ait Idrissen –Técnico de Sonido y músico–; se ha podido mejorar la calidad auditiva y recuperar para el futuro un documento de alto valor etnográfico y sentimental.

La audición de las diferentes piezas musicales servirá de complemento a la transcripción de sus letras, ya que aporta matices interesantes en cuanto a melodías y ritmos que las identifican, pudiendo servir para futuros trabajos de especialistas en musicología.

También estamos convencidos de que puede constituir una herramienta de utilidad para aquellas personas con algún tipo de discapacidad visual, consiguiendo, de esta manera, que puedan ser partícipes de este homenaje a la memoria de Casiano.

ACCESO A AUDIOS

https://lecanarienediciones.com/proyectos/casiano-el-de-la-cuevita/

ÍNDICE DE CONTENIDOS DEL AUDIO

El propósito que se persigue con el siguiente índice no es otro que el de proporcionar, a las personas interesadas, la mayor cantidad de información sobre los diferentes apartados recogidos en las grabaciones efectuadas, ya que guardan una relación directa con algún texto o transcripciones que aparecen en el libro. Para ello se hará referencia al lugar y fecha en los que se realizaron los registros sonoros, así como a las personas intervinientes, y temas que se abordan (sonidos, narración de cuentos, lectura de textos, interpretaciones musicales...). Para el caso concreto de los temas musicales se cita el género folclórico al que pertenecen, especificando –cuando así se requiera– si se corresponde con una Copla solista o un Estribillo (abreviaturas C y E), a la vez que se les asocia, a estos últimos, un título ficticio basado en una serie de palabras que los definen e identifican en relación con el texto que aparece en el Cancionero de Casiano; esto debido a que desconocemos los títulos originales, si es que los tuvieran, excepto la polkita *Don Manolo*. De igual modo se mencionan los intérpretes (voces e instrumentos), dejando constancia de cualquier aspecto relacionado con la ejecución musical que sea relevante.

El segundo bloque de contenidos (B), dedicado en exclusiva al registro folclórico musical aportado por Casiano, se verá complementado con un anexo en el que se reproducen una serie de canciones interpretadas por don Venancio Suárez Viera, grabadas durante la celebración del Festival Folclórico que tuvo lugar el 31 de mayo de 1985; al cual ya nos hemos referido en ocasiones anteriores.

El motivo de la incorporación de este anexo es el de brindarle, también a don Venancio, un pequeño homenaje en reconocimiento a su faceta como destacado cantador conocido no solo en la Villa de La Orotava. Para ello contamos con la excepcionalidad de disponer de este registro sonoro, pues –al parecer– son escasos los testimonios de audio que se le conocen como folclorista.

Con motivo de facilitar la búsqueda de los diferentes registros en la web de acceso a los audios, estos se podrán localizar mediante el distintivo de una numeración correlativa que los identifica.

BLOQUE A

EX CONVENTO DE SAN AGUSTÍN
Festival Folclórico Homenaje a Casiano Hernández Luis (La Orotava, 31/05/85).

1. **Panegírico.** En memoria de Casiano, a cargo de Ignacio Torrents González.

LA CUEVITA DE CASIANO
(La Orotava, abril de 1983)

2. **Sonidos de "La Cueva".** Casiano recita una copla, llave de la barrica...

3. **Cuento 1**. "La oveja muerta". Narrado por Modesto Castillo.
4. **Cuento 2**. "Vacas empajadas". Narrado por Casiano Hernández.
5. **Cuento 3**. "La Negrita". Narrado por Casiano Hernández.
6. **Cuento 4**. "Mañanas de San Juan". Narrado por Casiano Hernández.
7. **Cuento 5**. "Puñitos de tierra". Narración anónima.

8. **Folías.**

C.- Bajando del monte un día.
E.- ¡Ay qué bien lo "jiso"!
C.- Adiós ilusión querida.
E.- A seña Manuela.
-Intérpretes: Voz (Casiano Hdez.), guitarra (Martín Glez.), timple (Sixto Sánchez).

BLOQUE B

LA TOSCA DE ANA MARÍA

(Santa Úrsula, 1984)

-Intérpretes: Voz y guitarra (Casiano Hernández), timple (Sixto Sánchez).

9. Folías.

C.- Gofio y leche que amasar.

E.- No llores por eso.

C.- Preso en la cárcel estoy.

E.- A seña Manuela.

10. Isa.

E.- A tu madre se lo dije.

C.- A mí me gustan las juergas.

E.- Tus ojos bella mujer.

11. Folía.

E.- Al bajar del monte un día.

C.- ¡Ay, madre! por qué no vienes.

E.- Eres el demonio.

LA TOSCA DE ANA MARÍA

(Santa Úrsula, abril de 1983)

-Intérpretes: Voz y timple (Casiano Hernández), voz y guitarra (Don Pepe).

12. Isa.

C.- Anoche cuando dormía.

13. Jotilla: Yo no canto para nadie.

Isa.

E.- Con este traje de maga.

C.- Cuando Tenerife canta.

E.- Vale más, vale más.

14. Folías.

C.- En Las Cañadas del Teide oí una voz.

E.- Qué bien las cantó.

C.- Muchas elecciones.

E.- ¡Ay, Canarias mía!

15. Isas.

E.- Si te vas por un año.

C.- Tiene mi morena un huerto.

E.- Ya mi abuela no tiene.

C.- Por qué te ocultas violeta.

E.- Si te vas por un año.

16. Jotilla: La novia mía.

17. Jotilla: Una casita chiquita.

18. Jotilla: La esposa de don Ruperto.

19. Jotilla: La feria de ganado.

20. Jotilla: Un cojo tuerto y feo.

21. Jotilla: La triste viuda.

22. Jotilla: La libertad.

23. Tonadilla: Mamita compró un caballo.

24. Jotilla: Una noche de "estío".

25. Décima: Un día ¡triste de mí!

26. Punto cubano: La novia gorda.

27. Jotilla: Anoche estuve pensando.

BARROSO

(La Orotava, mayo 1983)

-Intérpretes: Voz y guitarra (Casiano Hernández), voz y timple (Sixto Sánchez). Voces femeninas (Esther Prado y Dácil Travieso).

28. Isas.

C.- Al monte me fui aburrido.

E.- Si Dios hubiera hecho.

C.- Qué bonita es mi María.

E.- A los árboles santos.

C.- A tus ojos vida mía.

E.- Santa Teresa en la cueva.

E.- Ya mi abuela no tiene.

C.- Bajando del monte un día.

E.- Con la sal que derrama.

C.- Estando en África un día.

E.- Si mi madre fuera mora.

C.- Al monte me fui aburrido.

E.- Me tiraste un limón.

C.- Cuando canta una mujer.

E.- Aquí en esta calle vive.

29. Folías.

C.- Para qué me acariciabas.

E.- A seña Manuela.

C.- A ti virgencita.

E.- Eres el demonio.

C.- Mi abuelo fue campesino.

E.- Como las folías mi dolor.

C.- Una canaria subió al Teide.

E.- No llores por eso.

C.- Mañana me voy de aquí.

E.- Dice Marichal.

C.- En Las Cañadas del Teide un niño guanche.

E.- No llores por eso.

30. Jotilla: Décimas de África. 1921.

31. Jotilla: Guerra de Cuba. 1898.

32. Jotilla: Vete a lavar morena / Unos ojos negros vi.

33. Jotilla: Vamos a contar mentiras.

34. Jotilla: El palito.

35. Jotilla: El lucero de venus.

36. Canción: Mamá yo quiero.

37. Canción: Muévete negrita.

38. Tajaraste: Virgen de la Peña.

39. Canto de trabajo: Segando.

El acompañamiento instrumental no se corresponde con el recitado del canto.

40. Polkitas: Don Manolo / Soy el farolero.

BAR LA MAGNOLIA

(La Orotava, 17/11/1983)

-Intérpretes: voz y guitarra (Casiano Hernández), timple (Sixto Sánchez).
Coros: un nutrido grupo de jóvenes conocedores de Casiano y su "Cuevita".

41. Jotilla: Anoche estuve pensando.

ANEXO

EX CONVENTO DE SAN AGUSTÍN
Festival Folclórico Homenaje a Casiano Hernández Luis (La Orotava, 31/05/85).

42. Isa parrandera.

C.- En mi tierra no hay tristeza.

E.- Corre Mariquilla.

43. Folías.

C.- La hija de Zebedeo.

E.- ¡Ay Canarias mía!

C.- Folías tristes folías.

E.- ¿?

-Intérpretes: Voz solista (Venancio Suárez Viera), acompañamiento musical (Grupo Añate).

44. Malagueña.

C.- No llores madre.

45. Polkita: Don Manolo.

-Intérpretes: Voz solista (Venancio Suárez Viera), acompañamiento musical (Grupo Folklórico de la Escuela de Magisterio).

46. Isa parrandera.

C.- Madre amada.

E.- Un tío en La Habana.

-Intérpretes: Voz solista (Venancio Suárez Viera), acompañamiento musical (Grupo Bencheque).